이 책은 　　　　 의 것입니다.
_____

전하는 말

아프리카는 끊임없이 달라지고 있어요. 새로운 나라가 탄생하고 전통은 서서히 사라지고 있지요. 이 책은 제가 글을 쓰던 때의 아프리카 모습을 담고 있어요. 책에 담긴 정보를 계속 확인했지만, 여러분이 이 책을 보는 순간에도 아프리카의 정보는 달라질 수 있답니다. 그러니 다른 정보를 보더라도 부디 이해해 주기 바라요. 지금부터 세상에서 가장 놀라운 대륙을 즐겨 주었으면 좋겠어요.

들어가며

저에게 이 책을 쓰는 일은 도전이었어요. 아프리카에 얽힌 흥미로운 이야기를 함께 나누고 싶다는 생각에 '책 쓰기'라는 모험을 시작했답니다. 글을 써 내려가다 보니 제가 알고 있는 것보다 더 재미있는 이야기가 훨씬 많다는 사실을 깨달았어요.

여러분은 지구에서 두 발로 걸어 다닌 최초의 사람이 아프리카 대륙에 있었다는 사실을 알았나요? 시간이 흘러 그들은 전 세계의 이곳저곳으로 옮겨 갔고 문화와 나라를 세웠어요. 다시 말하면 우리는 모두 아프리카에서 온 셈이지요.

여러분은 아프리카 대륙이 어마어마하게 크다는 사실도 알고 있나요? 미국, 중국, 인도, 호주의 땅을 모두 합친 크기와 맞먹는답니다.

아프리카 대륙에 있는 나라가 공식적으로 몇 개인지 헤아릴 수 없다는 사실도 알고 있나요? 여전히 하나의 나라로 인정받지 못한 나라들이 있기 때문이에요. 새롭게 생겨난 국가들은 원래 속해 있던 나라에서 독립하기 위해 힘껏 노력하고 있답니다.

아프리카에 있는 나라들이 저마다 다른 언어로 이야기한다는 사실도 알고 있나요? 아프리카는 먼 옛날부터 수많은 왕국으로 이루어져 있었어요. 역사가 오래된 왕국에는 자신만의 언어와 문화가 있었어요. 그것들은 지금까지 계속 전해져 내려오고 있지요.

아프리카는 단순한 하나의 대륙이 아니에요. 이곳에는 55개 이상의 나라가 있어요. 나라마다 다양한 언어, 역사, 각기 다른 자연환경을 자랑해요. 그래서 아프리카의 나라들은 지구에서 가장 다채롭답니다.

아프리카에는 뜨겁고 눈부신 사막이 있어요. 야생 그대로의 모습을

간직한 곳도 있지요. 어두컴컴하고 비가 내리는 열대 우림이 있고, 하얀 모래가 펼쳐진 바닷가도 있어요. 평평하고 풀이 우거진 열대 초원도, 춥고 눈이 내리는 산도 있지요. 검은 화산섬과 파랗고 깊은 바다도 있어요. 높은 빌딩이 가득하고 고속 도로가 쭉 뻗어 있는 현대적인 도시도 있답니다.

아프리카에는 진흙으로 세운 모스크와 도서관이 있는 도시도 있어요. 염소, 닭과 함께 사는 오두막 마을도 있고 철판과 두꺼운 종이로 지은 판잣집도 있어요. 아프리카에는 다양한 자원과 종교가 있어요.

무엇보다 이 대륙에는 수많은 사람이 있어요. 이 책을 쓸 때만 해도 인구수가 10억 명이 넘었답니다. 지금도 날마다 아기들이 태어나고 있어요. 이 덕분에 아프리카를 가리켜 '지구에서 젊은 사람이 가장 많은 대륙'이라고도 해요.

아프리카는 '동물의 대륙'이기도 해요. 멋진 동물들이 수천 종이나 살지만 조금씩 사라져 가고 있어요. 먼 옛날부터 사람들은 동물을 사냥했지만 동물들이 사라질 만큼 사냥하지는 않았어요. 오늘날 사람들의 생활 습관과 살아가는 방식이 동물들의 서식지를 파괴하고 있는지도 몰라요. 동물의 멸종 말고도 기후 변화 또한 아프리카와 자연환경을 달라지게 했어요. 그뿐만 아니라 동물과 사람의 생활 방식, 사는 곳까지 바꾸어 놓았답니다. 첨단 기술의 발전도 여기에 한몫하고 있고요.

전통이 살아 숨 쉬는 아프리카에는 놀라울 정도로 현대적인 나라들도 있어요.

어떤 나라는 최첨단 시설을 자랑하는 병원과 어떤 정보든 얻을 수 있는 인터넷망을 갖추고 있어요. 어떤 나라는 어마어마한 가격을 자랑하는 스포츠카들이 거리를 누비기도 해요. 하지만 어떤 나라는 여전히 옛날 방식을 고집하며 살기도 해요. 이곳에서 사람들은 낙타와 염소를 몰고 다니고, 물을 얻으러 수십 킬로미터를 걸어가기도 해요. 아프리카의 나라 대부분에는 이와 같은 특징들이 모두 있어요. 아프리카는 옛날부터 전해 내려오는 전통과 최첨단 기술이 뒤섞인 곳이거든요.

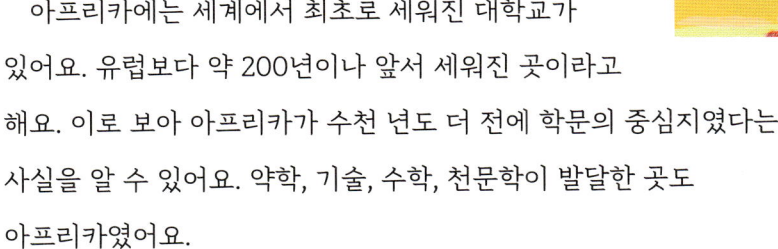

아프리카에는 세계에서 최초로 세워진 대학교가 있어요. 유럽보다 약 200년이나 앞서 세워진 곳이라고 해요. 이로 보아 아프리카가 수천 년도 더 전에 학문의 중심지였다는 사실을 알 수 있어요. 약학, 기술, 수학, 천문학이 발달한 곳도 아프리카였어요.

저는 알려지지 않은 아프리카의 매력을 어린이들에게 알려 주기 위해 이 책을 썼어요. 아쉽게도 사랑하는 아프리카와 관련된 모든 이야기를 담을 수는 없었어요. 그럼에도 아프리카를 더 알고 싶다는 마음이 여러분 안에서 자랄 수 있도록 이 책이 도와주기를 바란답니다.

아티누케

차례

들어가며 … 2

남아프리카 … 8
앙골라 … 10　보츠와나 … 11　에스와티니 … 12　레소토 … 13　말라위 … 14　모잠비크 … 15
나미비아 … 16　남아프리카 공화국 … 17　잠비아 … 18　짐바브웨 … 19

동아프리카 … 20
코모로 … 22　지부티 … 23　에리트레아 … 24　에티오피아 … 25　케냐 … 26
마다가스카르 … 27　모리셔스 … 28　르완다 … 29　세이셸 … 30　소말리아 … 31
남수단 … 32　수단 … 33　탄자니아 … 34　우간다 … 35

서아프리카 … 36
아프리카의 종교 … 38　베냉 … 39　부르키나파소 … 40　카보베르데 … 41　코트디부아르 … 42
감비아 … 43　가나 … 44　기니 … 45　기니비사우 … 46　라이베리아 … 47
말리 … 48　니제르 … 49　나이지리아 … 50　세네갈 … 51　시에라리온 … 52　토고 … 53

중앙아프리카 ··· 54

아프리카의 머리 모양 ··· 56 부룬디 ··· 57 카메룬 ··· 58
중앙아프리카 공화국 ··· 59 차드 ··· 60 콩고 민주 공화국 ··· 61 적도 기니 ··· 62
가봉 ··· 63 콩고 ··· 64 상투메 프린시페 ··· 65

북아프리카 ··· 66

아프리카 사람들은 축구를 좋아해 ··· 68 알제리 ··· 69 이집트 ··· 70
리비아 ··· 71 모리타니 ··· 72 모로코 ··· 73 튀니지 ··· 74 서사하라 ··· 75

Amazing 아프리카 100배 즐기기 ··· 76
찾아보기 ··· 108
더 알아보기 ··· 110

남아프리카

※

앙골라 • 보츠와나 • 에스와티니 • 레소토 • 말라위 • 모잠비크 • 나미비아
남아프리카 공화국 • 잠비아 • 짐바브웨

남아프리카에는 인도양과 대서양에 맞닿은 길고 새하얀 해변과 바닷가가 있어요. 이곳에서 사람들은 고래, 돌고래와 함께 헤엄치지요. 남아프리카의 넓고 탁 트인 열대 초원 사바나에서 기린과 얼룩말, 코뿔소 같은 동물들이 여기저기 돌아다녀요. 사냥꾼들은 동물들의 뒤를 몰래 쫓기도 해요. 남아프리카에는 세계에서 가장 오래된 사막도 있답니다. 영양, 코끼리, 사자, 사냥꾼 등은 그곳에서 수백만 년 넘게 함께하며 더불어 사는 법을 깨우쳤어요. 야생이 살아 있는 남아프리카에는 현대적인 도시도 있답니다. 커다란 은행과 최첨단 시설을 자랑하는 병원, 박물관과 흥이 넘치는 클럽도 있어요. 남아프리카의 조상은 대부분 아프리카 출신이지만, 일부는 유럽이나 인도에서 오기도 했어요. 미국과 영국처럼 흑인과 백인, 아시아인이 어울려 살고 있지요.

남아프리카에 오신 걸 환영합니다!

앙골라

앙골라의 수도인 루안다는 해변 바로 옆에 있어요. 바닷가를 따라 높디높은 건물이 늘어서 있답니다. 야자나무와 바닷가를 유유히 가로지르는 하얗고 커다란 요트도 볼 수 있어요. 사람들은 건물 안에 있는 사무실에서 컴퓨터와 스마트폰으로 일하느라 바빠요. 거리에 있는 사람들은 큰 소리로 물건을 팔고 자동차 경적을 빵빵 울려 대요. 도시 밖은 열대 우림이에요. 이곳에 사는 사람들은 사냥을 위해 창과 활을 들고 살금살금 걸어 다닌답니다. 이곳에 나비와 새, 원숭이와 도마뱀이 북적북적 어울려 살고 있어요. 나무가 우거진 열대 우림은 지구가 숨을 쉬는 데 도움을 줘요.

★ 앙골라에서 매우 인기 있는 운동은 농구예요. 앙골라 출신의 농구 선수들은 국제 무대에서 활약하고 있답니다.

✱ 석유와 다이아몬드는 세계로 수출되는 앙골라의 대표적인 상품이에요.

● 브라질의 전통 무술인 '카포에이라'는 브라질로 끌려온 아프리카 노예들이 만들었어요. 앙골라의 무술 응골로가 카포에이라에 영향을 주었다고도 본대요.

보츠와나

보츠와나는 다이아몬드가 많이 나오는 나라예요. 이곳에서 야생 동물들도 흔히 볼 수 있지요. 백만장자가 많이 탄생한 곳이면서 소몰이꾼들의 보금자리이기도 하고 사냥꾼들이 몰려드는 나라이기도 해요. 백만장자들은 다이아몬드를 찾아 땅을 파곤 해요. 소를 사랑하는 사람들은 키우는 소가 자유롭게 풀을 뜯고 살 수 있게 위험한 포식자들이 사라지기를 바란답니다. 그들에게는 소가 곧 재산이기 때문이에요. 보츠와나의 유목민인 산족은 다이아몬드나 소에는 관심이 없어요. 자신들이 사는 땅이 어떤 나쁜 것에도 물들지 않고 야생 그대로 지켜지기를 바랄 뿐이지요. 바로 그들이 사는 방식처럼요.

● 칼라하리 사막의 초딜로 언덕에는 고대 유목민들이 그린 바위그림들과 조각들이 미술관처럼 펼쳐져 있어요. 그래서인지 세상이 초딜로 언덕에서 처음 만들어졌다는 이야기도 전해져요.

✷ 검은코뿔소는 한때 보츠와나에서 완전히 사라질 뻔한 적이 있었어요. 흰코뿔소도 그 위기에 놓여 있었지요. 그래서 보츠와나 동쪽의 도시 세로웨에 사는 사람들은 살고 있는 곳을 코뿔소 보호 구역으로 정했어요. 덕분에 이곳에서 흰코뿔소의 수가 늘어났답니다. 한번은 검은코뿔소 한 마리가 짐바브웨의 국경을 넘어 보호 구역으로 들어왔지 뭐예요? 지금 보츠와나에는 검은코뿔소 네 마리가 행복하게 살고 있어요.

에스와티니

옛날에는 '스와질란드'라고 불렸던 에스와티니에는 지금도 왕이 있어요. 이곳의 왕 음스와티 3세는 아프리카 대륙의 마지막 임금이에요. 그는 열여덟 살에 왕위에 올라 지금까지 나라를 다스리고 있어요. 에스와티니의 국민이라면 누구든지 그가 하는 말에 따라야 해요. 의회와 언론사, 군대와 경찰까지도 말이지요. 음스와티 3세는 자동차도, 궁전도 많이 가지고 있어요. 심지어 아내도 여러 명이랍니다. 왕은 이렇게 돈이 넘쳐 나지만 에스와티니의 국민들은 대부분 너무나도 가난해요.

★ 에스와티니의 전통 집은 갈대와 풀로 지어져요. 둥근 모양이 아주 아름다운 집이랍니다.

● 에스와티니의 국민들은 축제가 열릴 때면 밝은색 전통 의상을 입어요. 그리고 전통 춤을 추면서 노래를 부른답니다. 이 춤과 노래는 수백 년이 지나도 달라지지 않았어요. 〈이 땅은 모두 왕의 것〉이라는 노래도 그중 하나예요.

레소토

세계에서 가장 높은 곳에 있는 나라 레소토는 '하늘의 왕국'이라고도 불려요. 어떤 지역은 걸어서만 갈 수 있고 어떤 곳은 아주 작은 비행기를 타야만 들어갈 수 있지요. 겨울에는 눈을 맞으며 스키 타는 재미가 대단한 나라이기도 해요. 하지만 너무 추워서 담요를 꼭 챙겨야 하지요. 레소토의 사람들은 잘 때는 물론, 평소에도 알록달록한 담요를 두르고 다녀요. 레소토에는 누구나 입을 수 있는 패션 브랜드인 갭과 삭스앤풋락커의 옷을 만드는 공장이 있어요. 레소토 사람들은 전통 방식으로 만든 담요를 걸치고 다닐 뿐만 아니라 코트와 점퍼도 즐겨 입는답니다.

● 레소토에는 공룡 발자국 화석이 있어요. 무려 1억 8000만 년 전의 화석이에요.

✱ 레소토는 이웃 나라 남아프리카 공화국에 물과 전기를 팔아요. 높은 곳에 있는 댐에서 남아프리카 공화국으로 물을 흘려보내 전기를 만들지요.

말라위

말라위는 나무를 깎아서 만든 가면과 바구니 상품이 유명한 나라였어요. 이제는 자동차 연료로 더 유명해졌어요.
처음에 말라위 사람들은 자동차를 움직이게 하는 휘발유가 비싸서 고민했어요. 그러다가 사탕수수나 옥수수에서 뽑은 원료인 에탄올을 휘발유에 섞어 값싼 연료를 만드는 실험을 했어요.
그 후에는 에탄올만으로도 차가 굴러갈 수 있는 장치를 만들었어요. 이제 말라위 사람들은 적은 돈으로 자동차를 운전할 수 있게 되었답니다.

＊말라위에는 젊고 훌륭한 발명가와 기술가가 많아요. 윌리엄 캄쾀바가 그중 한 명이랍니다. 캄쾀바는 무려 열네 살에 도서관에서 낡은 과학책을 몇 권 보고 고철로 풍차를 만들었어요.

★말라위의 호수에는 1000종류가 넘는 물고기가 살아요. 말라위호의 물고기들은 알록달록하고 예뻐서 전 세계의 사람들이 반려동물로 삼으려 해요. 사람들은 열대 수조에 물고기를 넣고 기른답니다.

모잠비크

모잠비크는 자원이 풍부해서 경제가 성장할 가능성이 큰 나라예요. 그래서 '아프리카의 흑진주'라고 불려요. 모잠비크인들이 가장 사랑하는 스포츠는 축구예요. 도시 사람들은 축구 경기장에 모여 자신이 응원하는 팀의 경기를 본답니다. 어린이들도 길거리나 공터에 공놀이할 곳이 조금이라도 있으면 축구를 즐겨요. 축구장은 물론, 거리 어디에서나 축구를 하지요. 이들에게는 진짜 축구공이 없어도 괜찮아요. 천 조각이나 비닐봉지, 나뭇가지, 고무줄 등 무엇이든 축구공이 될 수 있으니까요.

✱ 매운맛으로 유명한 '페리페리 소스'는 모잠비크에서 왔어요. 이곳에서 나오는 작은 고추를 가리켜 스와힐리어로 '피리피리'라 부르거든요. 피리피리와 페리페리는 어쩐지 말맛이 비슷하지 않나요? 여러 향신료와 고추를 섞어 갈아 만든 페리페리 소스는 인기가 많아요.

● 모잠비크의 댄스 음악을 '마라벤타'라고 불러요. 시간이 흐르며 힙합, 랩 등 여러 장르가 이 음악에 섞였지만, 어느 시대에도 바뀌지 않는 단 하나가 있어요. 사람들을 언제나 방방 뛰고 춤추게 하는 '리듬'이랍니다.

나미비아

나미비아에는 대서양과 만나는 사막이 있어요. 지구에서 가장 큰 모래 언덕의 일부를 이곳에서 볼 수 있지요. 분홍빛과 주홍빛으로 물든 사막의 모래 언덕은 엄청나게 커요. 사람들은 그 위에서 모래 서핑을 즐기기도 해요. 나미비아의 해안가는 안개가 자욱해요. 뜨거운 사막 모래에서 올라온 공기와 차가운 대서양의 공기가 만나 안개로 변하기 때문이에요. 안개는 나미비아의 해안을 따라 들어선 뾰족한 바위들을 보지 못하게 가려요. 그동안 1000척이 넘는 배들이 바위를 보지 못하고 부딪혀서 산산이 부서졌어요. 지금도 나미비아의 해안가에는 '해골 해안'이라고 불릴 만큼 부서진 배의 조각들이 고래와 물개의 뼈에 뒤섞여 남아 있어요.

★ 2016년, 모래 속에서 뒤집힌 배가 발견되었어요. 이 배는 1533년에 인도로 향하던 포르투갈 배였지요. 배에는 900만 파운드(약 150억 원)의 가치와 맞먹는 금화와 상아가 있었어요.

✱ 나미비아에 있는 소금 사막은 우주에서도 보인다고 해요. 또 다른 사막에서는 소금이 아니라 다이아몬드가 풍부하게 묻혀 있어요. 지금은 캐낼 수 있는 양이 줄었지만, 혹시 아나요? 사막의 모래를 쓸어 올렸더니 다이아몬드를 얻을 수 있을지 말이에요.

남아프리카 공화국

남아프리카 공화국은 '무지개 나라'라고 불려요. 여러 인종이 어우러져 살기 때문이지요. 이 나라에는 한때 인종 사이에서 심각한 충돌이 일어나기도 했어요. 다른 인종보다 더 뛰어나다고 생각한 백인들이 좋은 땅과 직업을 독차지했거든요. 넬슨 만델라와 몇몇 사람들은 인종에 상관없이 사람은 누구나 평등하다며 맞서 싸웠어요. 시간이 흐르고 싸움은 막을 내렸어요. 오늘날 남아프리카 공화국 사람들은 평화롭게 지내기 위해 함께 노력하고 있어요. 남아프리카 공화국은 아프리카에서 가장 현대적인 나라이기도 해요. 요하네스버그와 케이프타운과 같은 대도시에는 축구 경기장과 쇼핑몰, 고급 주택과 빈민가도 있어요. 이 나라에는 인종뿐만 아니라 다양한 사람이 어우러져 살고 있답니다.

● 넬슨 만델라는 남아프리카 공화국 최초의 흑인 대통령이에요. 인종 대립이 심할 때 27년이나 감옥에 갇혀 있었지요. 넬슨은 감옥에서 풀어 줄 테니 사람들의 평등을 위해 싸우지 말라는 협박을 당하기도 했어요. 그럴 때마다 그는 흔들림 없이 자기 뜻을 지켜 냈지요.

✱ 남아프리카 공화국에는 BMW, 크라이슬러, 피아트, 포드, 제너럴모터스, 메르세데스벤츠, 닛산, 도요타, 폭스바겐과 같은 유명한 자동차 회사의 공장이 많아요. 세계적인 자동차 회사가 아니더라도 남아프리카 공화국의 자동차 제조 업체도 있답니다.

잠비아

잠비아에서는 사람들이 온갖 물건을 머리 위에 얹고 다녀요. 바구니, 양동이, 심지어 가방까지도 얹는답니다. 힘이 약한 팔로 들기보다 강한 목 근육으로 버티는 편이 훨씬 쉽다고 해요. 잠비아 사람들은 손을 쓰지 않고도 머리 위에 물건을 얹은 채 전혀 흔들림 없이 다녀요. 뛰거나 오토바이를 탈 때도 끄떡없답니다. 사람들이 야무지게 물건을 머리에 얹고 다니는 모습은 아름다우면서도 재미있지요.

● 잠비아와 짐바브웨 사이의 국경에는 세계 3대 폭포 중의 하나인 '모시 오아 툰야'라는 폭포가 있어요. '천둥소리가 나는 연기'라는 뜻이지요. 강으로 물이 떨어질 때 사방으로 튀는 물보라가 30킬로미터에서 50킬로미터 밖까지 연기처럼 보이기 때문이래요. 영어로는 '빅토리아 폭포(빅토리아호)'라고 불러요.

★ 해마다 1000만 마리가 넘는 과일박쥐가 잠비아에 모여 이동해요. 지구에서 가장 거대한 포유류의 이동이랍니다.

짐바브웨

짐바브웨에는 아주 놀라운 건축물이 많아요. 크고 높은 빌딩과 조각품이 대도시에 빽빽하게 늘어서 있고 고대 유적 도시인 '그레이트 짐바브웨'도 남아 있답니다. 짐바브웨에서 가장 놀라운 것은 마토보 국립 공원에 있는 흔들바위들이에요. 자동차만 한 바위들이 집처럼 큰 바위 위에 놓여 있고, 축구 경기장 크기와 맞먹는 바위도 굳건히 놓여 있어요. 대형 트럭과 맞먹을 만큼 큰 바위가 작은 자동차만 한 바위 위에 놓여 있기도 해요. 또 그 아래에는 쇼핑 카트 크기의 바위가 받치고 있어요. 이곳의 바위들은 수백만 년이 넘도록 단 한 번도 흔들린 적이 없답니다. 사람들은 바위 위에 올라가기도 하고 바위가 드리운 그늘에 집을 짓고 살기도 해요.

● 그레이트 짐바브웨는 먼 옛날 짐바브웨 고대 왕국의 수도였어요. 전설에 따르면 이곳은 지혜로운 솔로몬 왕에게 값비싼 금속과 보석을 팔았던 도시로 알려져 있어요. 또, 솔로몬 왕의 지혜를 시험했던 시바 여왕의 궁전과 똑같이 지어졌다는 이야기도 전해집니다.

동아프리카

★

**코모로 • 지부티 • 에리트레아 • 에티오피아 • 케냐 • 마다가스카르 • 모리셔스
르완다 • 세이셸 • 소말리아 • 남수단 • 수단 • 탄자니아 • 우간다**

동아프리카는 다양한 동물들이 사는 사바나 초원으로 유명해요. 코끼리, 사자, 기린, 얼룩말 등의 보금자리이지요. 사바나 밖으로는 아프리카에서 가장 높은 산이 솟아 있어요. 그곳에서는 가장 깊은 호수와 가장 강한 물줄기를 뿜는 폭포도 볼 수 있답니다. 동아프리카는 아시아와 가장 가까운 곳이기도 해요. 1000년이 넘는 시간 동안 아시아에서는 차, 향료, 비단, 화약 등을 배에 싣고 바다를 건너와 아프리카의 상아, 금, 소금, 노동력과 맞바꾸었어요. 아랍 나라들 역시 동아프리카와 무역했어요. 수백 년 동안 문화를 교류하다 보니 동아프리카 언어인 스와힐리어에는 아시아와 아랍 문자가 많이 섞였답니다. 동아프리카의 도시 국가들은 유럽이 아프리카(또는 미국)를 알기도 전부터 수백 년 동안 번창했어요. 지금도 동아프리카에서는 스와힐리어가 중요한 언어예요. 오늘날에도 여전히 다른 나라에서 온 사람들이 들여온 다양한 문화, 전통, 종교가 어우러진 곳이기도 해요.

동아프리카에 오신 걸 환영합니다!

카리부! (스와힐리어)

이니카와니 데히나 메타히! (암하라어)

아나드 후무, 바가 나가안 후프테! (오로모어)

수 도와우! (소말리아어)

아할란 빅! (아랍어)

코모로

코모로에는 이슬람 사람들이 기도하는 예배당인 '모스크'가 수백 개나 있어요. 어떤 모스크는 웅장하고, 어떤 모스크는 작고 허름해요. 어린이들은 대부분 학교에서 아랍 문자를 읽고 쓰는 법과 이슬람교의 성서 『코란』을 배워요.

섬 곳곳에는 아름다운 꽃들이 자라요. 꽃에는 달콤한 향을 풍기는 기름이 나온답니다. 전 세계에서는 향수를 만들거나 성스러운 의식에 이 기름을 사용하고 있어요.

✽ 코모로는 '그랑드 코모로, 모엘리, 앙주앙, 마요트'라는 큰 섬 네 개로 이루어져 있어요.

"아할란 빅!(아랍어로 '안녕!')"

● 코모로에서는 대부분 이슬람교를 믿어요. 코모로의 법은 이슬람교의 규율에서 가져왔답니다.

지부티

3500년이 넘는 시간 동안 아프리카와 아시아, 유럽에서 온 배들은 지부티에 와서 무역했어요. 오늘날에도 지부티의 수도는 세계에서 바쁜 항구 중 하나로 손꼽힌답니다. 지부티에는 연료를 넣거나 화물을 바꾸려는 배들이 끊임없이 드나들어요. 도시 밖은 대부분 사막이고, 그곳에서는 유목민들이 살아요. 지부티에서는 하얀 소금 호수와 쩍 갈라진 땅, 증기를 내뿜는 커다란 바위기둥 등이 신기한 볼거리랍니다.

● 하얀 소금 호수인 아살호는 아프리카 대륙에서 가장 낮은 곳에 있어요. 해수면을 기준으로 155미터나 아래에 있답니다.

★ 지부티는 아프리카와 프랑스, 아랍 문화가 섞여 있어요. 음식도 마찬가지예요. 지부티에서 즐겨 먹는 간식 삼부사는 인도 간식인 사모사와 똑같이 생겼답니다.

에리트레아

에리트레아는 수많은 유목민의 고향이에요. 이들은 돗자리로 만들어 바람이 잘 통하는 텐트에서 살아요. 그리고 비를 따라 끊임없이 옮겨 다닌답니다. 기르는 염소, 낙타, 소가 먹을 풀에 물을 줘야 하고 우물에 물을 채워야 하기 때문이에요. 이곳은 땅이 메말라서 농사짓기가 어렵기 때문에 가축에게서 먹을 것을 얻어요. 잘 기른 가축은 사람들에게 우유와 고기를 준답니다. 에리트레아 유목민들의 생활 방식은 세상에서 가장 오랜 역사를 자랑해요. 요즘에는 최신식으로 생활 방식이 달라졌어요. 어떤 이들은 위성 장치와 스마트폰으로 어디에 비가 내리고 좋은 풀이 자라는지 알아보기도 해요.

* 에리트레아는 1961년부터 1991년까지 독립 전쟁을 치렀어요. 이때 참여한 군사 중 3분의 1이 여성이었다고 해요.

● 에리트레아에는 600종이 넘는 아름답고 알록달록한 새들이 살아요. 에리트레아가 새들이 이동하는 길이거든요. 유럽에서도 이곳의 새들을 많이 볼 수 있답니다.

에티오피아

에티오피아는 세계에서 손에 꼽을 만큼 빠르게 기독교를 나라의 종교로 받아들인 곳이에요. 옛날에는 기독교를 믿는 사람들이 지독하게 괴롭힘을 당했어요. 그래서 에티오피아의 교회 대다수는 아무나 갈 수 없는 곳에 지어졌지요. 어떤 교회는 지하의 바위를 깎아 만들어졌고, 어떤 교회는 기어올라야만 닿을 수 있는 높은 절벽 위에 지어지기도 했어요. 교회에 들어가면 기독교의 성인과 왕, 열두 제자와 천사를 아름답게 그려 넣은 커다란 벽화를 볼 수 있답니다.

● 1880년대 유럽 국가들은 에티오피아를 뺀 나머지의 아프리카 나라들을 모조리 점령했어요. 식민지가 된 아프리카의 다른 나라들은 에티오피아를 본보기 삼아 독립 투쟁에 들어갔지요. 이는 라스타파리언(에티오피아의 황제 하일레 셀라시에를 섬기는 자메이카의 종교)에도 영향을 주었어요.

❉ 커피는 에티오피아에서 처음 왔다고 알려졌어요. 에티오피아에서 전 세계로 퍼져 나가 수많은 사람에게 사랑받는 음료가 되었지요.

케냐

케냐, 하면 사자, 코끼리, 기린, 얼룩말, 코뿔소, 하마 같은 동물들을 먼저 떠올리는 사람들이 많아요. 하지만 케냐의 도시는 야생 못지않게 흥미진진하고 놀라운 곳이에요. 수도인 나이로비의 북적북적한 거리에는 아프리카인, 인도인, 중국인, 아랍인, 유럽인이 쇼핑몰을 돌아다니며 알록달록한 버스에 오르내려요. 또 최신 휴대 전화로 수다를 떨거나 인터넷으로 은행 업무를 보기도 한답니다.

● 나라 이름 케냐는 이곳에서 가장 높은 산 '케냐산'에서 따왔어요. '신이 쉬어 가는 곳'이라는 뜻으로 통한대요.

❋ 나이로비는 나이로비 국립 공원 바로 옆에 있어요. 국립 공원에서는 다양한 야생 동물들을 만날 수 있답니다. 강력한 전기가 흐르는 울타리가 쳐진 덕분에 동물들은 도시로 들어오지 못해요. 높은 빌딩에서 볼 수 있을 만큼 큰 기린들도 공원에 있어요. 도시에서는 이리저리 돌아다니는 기린들을 볼 수 있답니다.

마다가스카르

마다가스카르는 약 8800만 년 전에 하나였던 대륙에서 떨어져 나와 인도양에 자리 잡은 섬이에요. 이곳에는 동물이 약 20만 종이나 살고 있어요. 이 가운데 80퍼센트는 오직 마다가스카르에서만 볼 수 있답니다. 고양이만큼 큰 카멜레온, 낙엽과 비슷하게 생긴 도마뱀붙이, 토마토처럼 빨간 개구리 등 신기한 동물들이 살고 있어요.

✱ 섬이 처음 생겨났을 때는 사람이 살지 않았어요. 그 뒤 말레이시아인과 인도네시아인이 처음으로 이 섬에서 살기 시작했답니다. 지금도 마다가스카르의 음식과 언어, 문화는 동남아시아와 비슷해요.

✱ 마다가스카르의 해변은 고래가 바다 위로 뛰어오르고 노래하는 모습을 볼 수 있는 좋은 장소랍니다.

모리셔스

모리셔스는 아프리카에서 유일하게 힌두교를 믿는 나라예요. 모리셔스인의 절반이 힌두교를 믿고, 나머지는 기독교나 이슬람교를 믿어요. 인도에서 온 힌두교는 아름다운 금빛 사원에서 여러 신을 모신답니다. 모리셔스에서 쓰는 돈도 인도와 똑같이 '루피'라고 불러요. 이렇게 모리셔스가 아프리카 대륙에 있으면서도 종교나 문화가 인도와 비슷한 이유는 무엇일까요? 모리셔스인 대부분이 인도에서 온 노동자들의 후손이기 때문이에요. 물론 아프리카와 중국, 유럽에서 온 사람들도 있어요. 아무도 살지 않았던 섬 모리셔스에 처음 온 사람들은 모두 이민자들이에요.

● 사람들이 들어오기 전까지 모리셔스에는 포식자가 없었어요. 무서울 게 없던 새들은 나는 법을 잊고 몸집이 아주 커졌답니다. 이 새를 '도도'라고 불렀어요. 도도는 오늘날 볼 수 없어요. 섬을 발견했던 선원들에게 모두 잡아먹혔거든요.

★ 모리셔스의 도시에 있는 첨단 기술 회사에서는 여러 기술자가 활약하고 있어요.

＊ 아미나 구립은 2015년에 모리셔스에서 여성 최초로 대통령이 되었어요. 그는 정치가일 뿐만 아니라 세계적으로 유명한 생물학자이기도 해요.

르완다

나라 이름 르완다에는 '수천 개의 언덕이 있는 땅'이라는 뜻이 있어요. 높은 산 위에 자리 잡은 작은 나라이기 때문에 평평한 땅이 드물어요. 길은 오르막길만 계속되거나, 내리막길만 이어지곤 해요. 르완다의 언덕과 산에서는 차와 커피를 길러 전 세계로 수출한답니다. 농부들은 가파른 비탈길에서 농사를 짓기가 어려워 산을 깎아 작은 평지를 만들었어요. 이를 언뜻 보면 거대한 녹색 계단처럼 보인답니다.

✿ 르완다에는 아직도 자연 그대로의 숲을 간직한 산이 있어요. 이곳에 산고릴라들이 살고 있답니다. 키가 2미터 가까이 되는 아빠 고릴라는 양팔을 2미터 50센티미터까지 쭉 뻗을 수 있어요. 고릴라들은 밀렵꾼들이 놓은 덫을 풀어 가족을 구해요. 또 어미를 잃은 새끼를 돌보기도 해요.

세이셸

'인도양의 낙원'이라고 불리는 세이셸은 115개나 되는 섬으로 이루어진 나라예요. 자연과 해변이 아름다워서 아프리카의 대표 관광지로 꼽히는 곳이기도 해요. 섬에는 아름답고 신기한 동물들과 식물들이 가득하답니다. 희귀한 검은앵무새와 코끼리거북이가 살고, 해파리처럼 생긴 열매가 열리는 나무와 세상에서 가장 큰 땅콩도 이곳에서 자라요. 다행히 세이셸의 인구는 아프리카에서 가장 적기 때문에 개성 있는 동식물이 살 수 있는 공간이 충분해요. 섬의 절반 이상은 자연 보호 구역으로 정해져 있답니다.

● 세이셸에서 쓰이는 언어들은 프랑스어, 영어, 크레올어예요. 크레올어의 단어들은 여러 다른 언어들에서 왔어요. 이 때문에 크레올어가 유래된 나라의 언어를 쓰는 사람들과는 크레올어로 이야기하기가 쉽지 않아요.

소말리아

소말리아인들은 시를 무척 사랑해요. 이들은 한때 땅에서 가축을 몰고 바다에서 물고기를 잡으며 시를 읊곤 했어요. 하지만 이 나라에 전쟁과 가뭄, 혹독한 굶주림이 찾아왔어요. 엎친 데 덮친 격으로 해외에서 들어온 어선들이 물고기를 몽땅 잡아가 버렸지요. 굶주림을 못 이긴 소말리아의 몇몇 목동들과 어부들은 해적이 되었어요. 해적들은 속도가 빠른 작은 배로 화물선을 덮쳐 빼앗은 물건으로 먹고살아요. 해적이 되지 않은 사람들은 여전히 시를 지으며 살아가요. 소말리아에서는 시인들이야말로 진정한 영웅이랍니다.

★ 달리기 선수 모하메드 파라는 위대한 운동선수예요. 소말리아에서 태어나 여덟 살까지 그곳에서 살았던 그는, 이후 금메달 두 개를 목에 걸며 유명해졌어요.

★ 소말리아인들은 전 세계에 흩어져 살아요. 전쟁과 굶주림, 가뭄을 피해 나라를 떠나 난민들이 되었기 때문이에요.

남수단

남수단은 전통 생활 방식이 그대로 남아 있는 나라예요. 남수단의 민족 딩카인과 누어인은 재료를 스스로 길러서 음식을 해 먹고 뿔이 기다랗고 사나운 소를 키워요. 이곳의 많은 어린이가 학교에 가지 않고 집에서 공부한답니다. 여자아이들은 땅에서 먹거리를 가꾸는 법을, 남자아이들은 소를 돌보는 법을 배워요. 남자아이들은 자신만의 어린 수컷 소를 선물로 받기도 해요. 소들은 함께 자라는 어린이들과 똑같은 이름으로 불리기도 한답니다.

✾ 아프리카에서 가장 큰 열대 초원인 사바나가 남수단에 있어요. 울타리가 없는 초원은 수천 킬로미터에 이르고 야생 동물들은 거대한 무리를 이루며 살아요.

● 소 떼는 은행에 저금한 돈과 같아요. 남수단에서는 소가 많을수록 부자랍니다. 돈이 필요할 때는 소를 팔기도 해요. 은행에서 돈을 빼 쓰듯 말이에요.

수단

수단은 세계에서 가장 뜨겁고 건조한 나라 가운데 하나예요. 자동차가 발명되기 전까지는 물을 마시지 않고도 몇 달은 버틸 수 있는 낙타가 수단에서 가장 인기 있는 교통수단이었어요. 지금도 수단 곳곳에 낙타를 사고파는 시장이 있어요. 이곳에서 시끌벅적하면서도 재미있는 낙타 경주가 열린답니다. 하지만 조심하세요. 심술궂은 낙타가 사람들에게 침을 뱉을 때도 있거든요. 게다가 2분 내내 트림하고 방귀를 뀌기도 하고요. 복작복작 살아가는 수단 사람들은 세상에서 가장 다정하고 친절한 사람들이랍니다.

★ 수단에는 이집트보다 더 많은 피라미드가 있어요. 먼 옛날, 수단 출신의 누비아인들이 세웠던 고대 쿠시 왕국이 오늘날의 수단과 이집트를 영토로 삼았었거든요. 당시 누비아인들은 뛰어난 활쏘기 선수들이었고 알파벳을 발명했어요.

★ 청나일강과 백나일강은 수단에서 만나요. 이곳에서 다른 색깔의 강물이 양쪽에서 흘러 들어오는 모습을 볼 수 있답니다.

탄자니아

탄자니아는 탕가니카와 잔지바르 두 곳이 합쳐져 만들어진 나라예요. 탕가니카는 탄자니아의 대부분을 차지하는 곳이에요. 해마다 수백만 마리 동물이 탕가니카에 있는 드넓은 세렝게티 국립 공원을 여행하기로 유명해요. 동물들은 초원을 기름지게 해 주는 비를 따라 강을 건너 이동한답니다. 강은 굶주린 악어들이 기다리고 있는 무시무시한 곳이에요. 안타깝게도 모든 동물이 악어들을 피해 무사히 강을 건너기는 어려워요. 잔지바르는 활기가 넘치는 시장으로 유명해요. 가지각색의 향신료가 넘쳐나고 전 세계에서 온 상인들의 목소리가 시장을 가득 메운답니다.

✱ 수천 년 전, 인도네시아와 인도에서 온 선원들이 육두구와 정향, 계피와 같은 향신료를 잔지바르에 가지고 들어왔어요. 덕분에 이 식물들은 잔지바르에서 자란답니다.

✱ 탕가니카와 잔지바르가 한 나라로 합쳐졌을 때 새로운 단어가 생겼어요. 바로 나라의 이름인 '탄자니아'였지요.

● 아프리카에서 가장 높은 산이자 녹지 않고 쌓인 눈, 만년설로 유명한 킬리만자로산이 세렝게티 국립 공원 위에 우뚝 서 있답니다.

우간다

우간다는 땅에 풍부하게 묻힌 석유, 기름진 땅, 수력 발전 등으로 동아프리카에서 크게 주목받는 나라예요. 이곳에서는 어디에서나 트럭, 버스, 택시, 미니버스를 볼 수 있어요. 버스 기사들은 버스 안이 사람들과 짐으로 꽉 차기 전에는 출발하려고 하지 않아요. 그리고 승객들이 "세워 주세요!"라고 말하면, 어디에서든지 내려 주지요. 나이 든 사람들은 장바구니를 들고 자리에 꾸역꾸역 끼어 앉아 있어요. 젊은이들은 창가 쪽에서 교과서를 한 손에 쥐고 웃으며 휴대 전화로 수다를 떨어요. 버스 안에는 닭과 염소도 비집고 들어가 한 자리를 차지하고 있답니다. 버스 위의 선반 또한 바나나 다발과 가방, 짐 꾸러미로 가득 차 있어요.

● 니안자호는 세계에서 가장 큰 열대 호수예요. 호수의 약 45퍼센트는 우간다에, 약 6퍼센트는 케냐에, 약 49퍼센트는 탄자니아에 있어요. 작은 나라 하나와 맞먹을 만큼 크기가 큰 호수랍니다. 이 호수를 처음 본 유럽인들은 어찌나 신기했던지 자신들이 아는 가장 유명한 사람의 이름을 붙여서 불렀대요. 그 유명한 사람은 바로 영국의 빅토리아 여왕이에요! 하지만 우간다인들은 여전히 '니안자호'라고 불러요.

✶ 우간다와 콩고 민주 공화국 사이에는 아름다운 산맥이 있어요. 만년설로 유명한 산맥의 이름은 '루웬조리'랍니다. 이곳은 '달의 산맥'이라고도 불려요. 산에 달이 뜨면 꼭대기의 하얀 눈이 달빛을 아름답게 반사해서 붙은 이름이지요.

서아프리카

베냉 • 부르키나파소 • 카보베르데 • 코트디부아르 • 감비아
가나 • 기니 • 기니비사우 • 라이베리아 • 말리 • 니제르
나이지리아 • 세네갈 • 시에라리온 • 토고

서아프리카의 북쪽에는 사하라 사막이 있어요. 남쪽에는 바람이 많이 부는 해변이 대서양과 이어져 있지요. 그 사이에는 사막과 사바나가 만나는 사헬 지역이 있어요. 사바나는 어둑어둑한 열대 우림과 맞닿아 있고, 축축한 맹그로브 숲으로 이어져요. 맹그로브는 더운 지역의 해안에서 자라는 독특한 식물이에요. 사람들이 가득한 도시의 길거리에는 흥겨운 댄스 음악과 힙합이 흘러나와요. 파란 눈의 사막 유목민이든, 어두운 피부의 도시인이든 서아프리카인은 대부분 음악을 사랑한답니다. 서아프리카의 남자들은 청바지 또는 헐렁한 바지 위에 자수를 놓은 가운을 길게 늘어트려 입어요. 먼 옛날, 낙타들은 서아프리카의 금을 멀리 떨어진 서남아시아로 가지고 갔어요. 이제 서아프리카는 낙타가 아닌 화물선에 다이아몬드와 석유를 싣고 나가 전 세계에 팔아요. 수준 높은 교육을 받은 서아프리카의 의사와 변호사, 기술자도 곳곳에서 활약하고 있답니다.

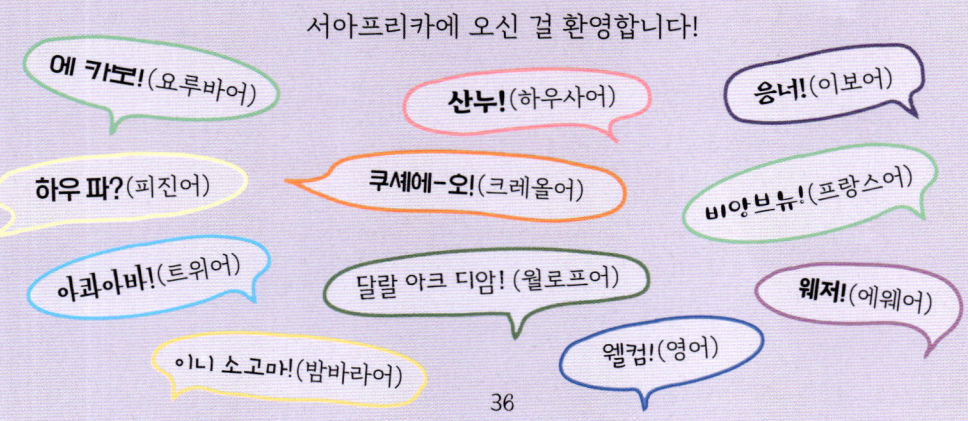

서아프리카에 오신 걸 환영합니다!

에 카보!(요루바어)
산누!(하우사어)
응녜!(이보어)
하우 파?(피진어)
쿠셰에-오!(크레올어)
비앙브뉴!(프랑스어)
아콰아바!(트위어)
달랄 아크 디암!(월로프어)
웨저!(에웨어)
이니 소고마!(밤바라어)
웰컴!(영어)

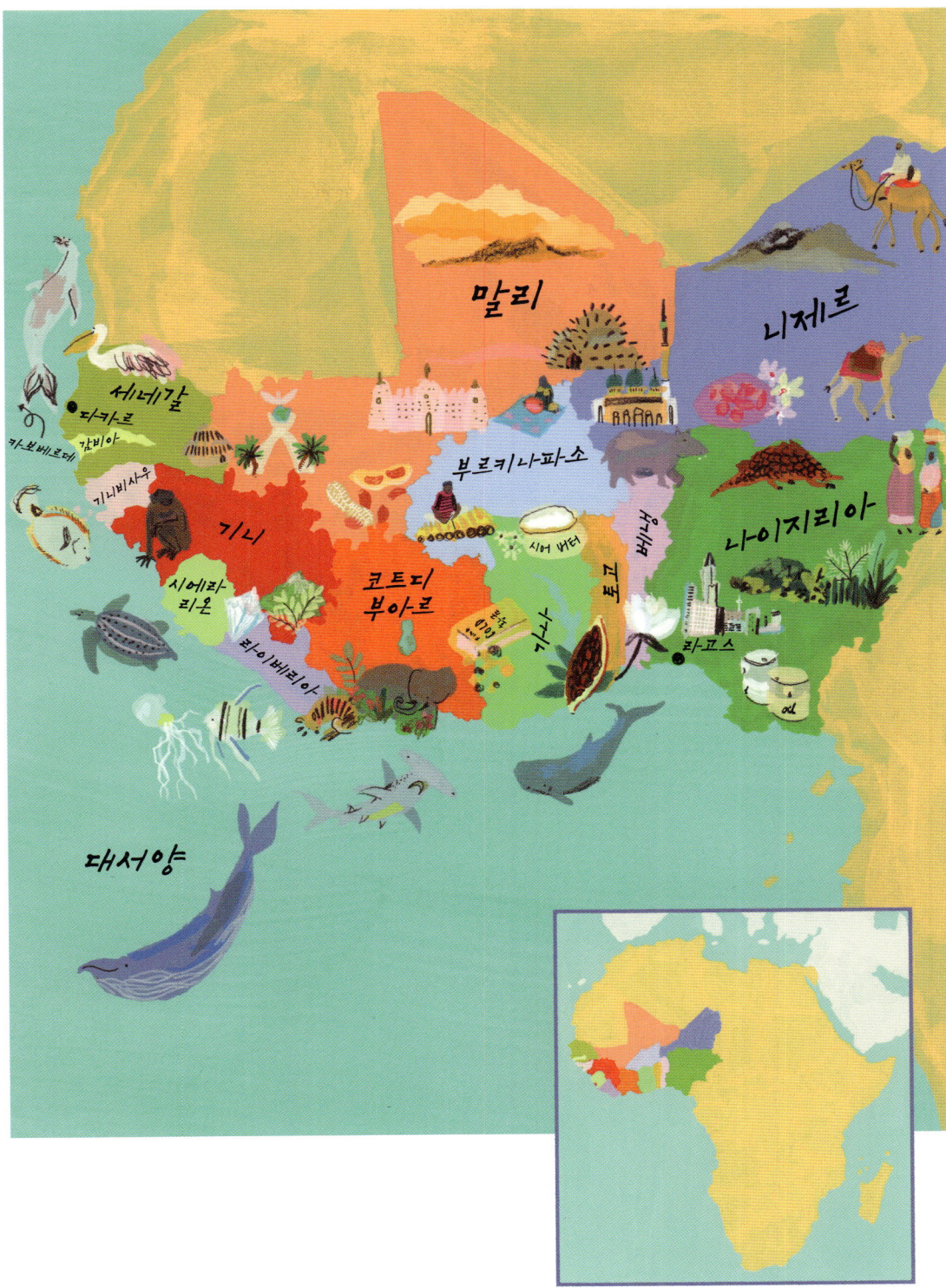

아프리카의 종교

아프리카에서 종교는 매우 중요해요. 아프리카인들은 기독교와 이슬람교를 가장 많이 믿지만, 전통 민간 신앙도 여전히 믿고 있답니다. 민간 신앙에서는 이 세상의 모든 것에 영혼이 있다고 가르쳐요. 나무, 바위, 강, 심지어 폭풍우에도 말이지요. 세계에서 가장 오래된 종교인 아프리카의 민간 신앙은 그들의 조상들이 오랜 시간 믿어 왔어요. 민간 신앙의 많은 신 중에 어떤 신은 착하지만 어떤 신은 잔인해요. 가장 높은 위치에 있는 우두머리 신이 신들을 다스리지요.

기독교와 이슬람교는 생겨난 지 얼마 되지 않아 아프리카에 들어왔어요. 예수님을 따르던 제자들(1세기)과 무함마드(7세기)가 아프리카에 들어와 신앙을 전했답니다. 북아프리카에는 이슬람교의 예배당인 모스크에 오랜 역사가 남아 있어요. 동아프리카에는 오래된 교회도 있어요. 오래된 유대교 회당 또한 아프리카에 있답니다.

기독교인들과 무슬림들은 아프리카의 민간 신앙을 없애려고 했지만 성공하지 못했어요. 오늘날 아프리카인은 대부분 기독교나 이슬람교를 믿어요. 여전히 북을 치고 춤을 추거나 선물을 주고받으며 자신만의 신을 모시는 사람들도 있고요.

베냉

부두교는 베냉이 인정한 전통 민간 신앙 종교예요. 국민의 절반이 부두교를 믿기 때문에 베냉에서는 종종 북을 치고 춤을 추는 축제가 열리곤 한답니다. 어떤 사람들은 축제 동안 마법이 이루어진다고 믿어요. 아주 먼 옛날, 서인도 제도로 건너간 아프리카인들이 부두교를 전했어요. 이에 부두교는 대서양 카리브해에 있는 섬나라 아이티의 전통 종교가 되었답니다.

● 다호메이 왕국은 먼 옛날, 지금의 베냉에 있던 왕국이에요. 1600년대에 세워져 약 300년 정도 이어졌지요. 왕실의 군대에 속한 여성 군인들은 용감하고 뛰어난 실력을 자랑했어요. 다호메이 전사들을 이끄는 여성 지도자 '세동홍베'는 사령관이 되었을 때 겨우 10대 나이였다고 해요.

✱ 베냉에 걸쳐져 있는 아름다운 펜자리 국립공원은 서아프리카에서 사자들이 자유롭게 돌아다닐 수 있는 몇 안 되는 장소예요.

부르키나파소

부르키나파소는 '정직한 사람들의 땅'이라는 뜻이에요. 부르키나파소에는 '토마 상카라'라는 위대한 대통령이 있었어요. 그는 "소수를 위한 샴페인과 모두를 위한 안전한 물에서 하나를 선택해야 한다"라는 말을 남겼어요. 부르키나파소에서는 서아프리카의 다른 나라에 있는 멋진 건물이나 비싼 차를 볼 수 없을 거예요. 이곳에서는 자전거가 가장 사랑받는 교통수단이랍니다. 사람들은 자전거에 무엇이든 싣고 다녀요.

★ 부르키나파소에서는 커다란 시어 나무를 많이 볼 수 있어요. 시어 나무의 열매로 만드는 시어 버터는 전 세계에 팔리고 있어요. 시어 버터는 피부와 머리를 부드럽게 해 주는 크림과 로션의 재료랍니다.

● 애벌레는 부르키나파소에서 많이 먹는 음식이에요. 시어 나무의 잎사귀만 먹는 애벌레가 가장 맛이 좋아요.

카보베르데

약 2000만 년 전에 대서양에서 화산이 터졌어요. 오랜 시간이 지난 뒤, 화산 활동이 잦아들고 용암이 단단하게 굳어 서아프리카 연안에 군도가 생겼어요. 지금은 이곳을 '카보베르데'라고 부른답니다. 기후 변화로 전 세계 해수면의 높이가 높아지는 지금, 카보베르데의 아름다운 섬들은 언젠가 바닷속으로 사라질 거예요.

✸ 카보베르데인들은 자기 나라보다 외국에 더 많이 살아요. 이곳에서 살기가 힘들고 무섭기 때문이에요. 때때로 화산이 터지다 보니 일을 구하기도 어려워요. 마실 물이 부족할 때도 종종 있다고 해요.

코트디부아르

코트디부아르에는 '상아의 해변'이라는 뜻이 있어요. 한때 이곳이 코끼리들의 커다란 상아를 사고팔던 중심지였기 때문이에요. 크고 아름다운 코끼리들은 가족과 이곳저곳을 돌아다니며 무리에서 새끼들이 안전하게 클 수 있도록 함께 돌보았어요. 어느 날 코트디부아르에 들어온 외지인이 코끼리를 있는 대로 죽이며 상아를 팔아 버렸어요. 게다가 그들의 보금자리인 열대 우림까지 파괴되면서 코끼리의 수는 더욱 줄고 있어요. 지금도 많은 코끼리가 밀렵꾼에게 희생당하고 있어요. 오늘날 서아프리카 숲의 크고 사랑스러운 코끼리는 멸종 위기에 놓이고 말았답니다.

★ 코끼리는 가족을 잃으면 사체를 나뭇잎으로 덮어 주며 슬퍼해요. 시간이 흐른 뒤에도 몇 년에 한 번씩 무덤을 찾아온답니다.

★ 코트디부아르는 세계에서 코코아를 가장 많이 수출하는 나라예요. 여러분이 좋아하는 초콜릿도 코트디부아르에서 거두어들인 코코아로 만들었을 거예요.

감비아

감비아는 대륙에 있는 나라 가운데 높이가 가장 낮은 나라예요. 감비아에는 기다란 강이 흐르고 있어요. 이곳에는 사람들뿐만 아니라 다양한 새가 살고 있답니다. 왜가리, 펠리컨, 플라밍고, 뿔닭, 매, 후투티 등이 살아요. 긴꼬리딱새, 태양새, 까마귀도 있고 인간과 소통할 줄 아는 꿀잡이새도 있어요.

● 감비아는 아프리카 대륙에서 가장 작은 나라예요. 지름이 50킬로미터를 넘지 않는답니다.

★ 감비아에는 2000년도 더 된 환상 열석이 90개 넘게 있어요. 환상 열석은 커다란 돌들이 둥글게 줄지어 놓인 고대 유적이에요. 고대 왕과 부족장의 무덤 주위에 쌓아 올리는 데 사용되었던 것으로 미루어 보고 있답니다.

✱ 꿀잡이새는 꿀을 찾아다니며 일생을 보내요. 벌집을 찾으면 사람에게 날아가 얼른 오라며 휘파람을 불지요. 꿀잡이새를 따라간 사람들은 꿀을 털어요. 꿀잡이새는 텅 빈 벌집의 밀랍을 먹는답니다.

가나

가나는 아프리카 대륙에서 민주주의가 잘 지켜진 나라예요. 나라의 분위기는 느긋하고 국민들은 친절해요. 서아프리카에서 가장 큰 시장이 가나에서 열려요. 수천 명이 스치면서 다양한 물건을 사고팔지요. 아주 뜨거운 태양 아래 옷, 과일, 천, 말린 생선, 신발뿐만 아니라 컴퓨터까지 온갖 물건이 이곳에 있답니다. 아프리카의 시장에는 정해진 가격이 없어요. 얼마에 팔지 상인들이 정하면 여기에서 얼마나 깎을 수 있는지는 여러분에게 달려 있어요. 이런 '흥정'을 하다 보면 목소리가 높아질 때도 있지만 한바탕 농담이 오가기도 한답니다.

● 켄테는 비단과 면으로 짠 가나만의 특별한 천이에요. 예전에는 아샨티(17~20세기 가나에 있던 제국) 황족만 켄테를 입을 수 있었답니다. 지금은 돈이 충분하다면 누구나 사서 입을 수 있어요.

✱ 케제티아 시장에는 가판대가 10000개나 있어요. 이 시장에서 44000명이 넘는 사람들이 일해요. 넓이만 해도 12만 제곱미터에 달한답니다. 작은 마을 하나와 맞먹는 크기이지요.

기니

기니의 국민들은 시장에서 아름답고 알록달록한 천을 많이 사요. 고를 수 있는 천들은 색깔이며 무늬가 무궁무진하답니다. 동물무늬와 꽃무늬를 넣은 천은 물론, 유명한 대통령이나 값비싼 자동차가 새겨진 천도 있어요. 가장 잘 팔리는 휴대 전화를 무늬로 넣은 천도 있답니다. 사람들은 일할 때와 결혼식 때 입기 위해 이 천으로 멋진 새 옷을 만들어요.

✱ 기니에서 가장 인기가 많은 천은 바틱이에요. 바틱 천을 염색하는 방법은 인도네시아에서 처음 만들어졌어요. 염색법은 유럽에서 온 사람들이 인도네시아에서 염색하는 법을 배워 아프리카에 전해 주었다고 해요. 오늘날에는 아프리카 어디에서나 이 염색 방법이 쓰인 답니다.

기니비사우

기니비사우의 땅은 늪, 열대 우림, 맹그로브로 덮여 있어요. 또 생물 보호 구역이 있기도 하지요. 이 나라는 포르투갈 최초의 식민지였어요. 이후 노예를 사고파는 주요 장소가 되었답니다. 독립한 기니비사우는 가난과 전쟁으로 여전히 나라의 상황이 좋지 않아요. 그럼에도 천에 싸인 채 엄마 등에 업혀 있는 아기들을 어디에서나 볼 수 있어요. 엄지를 빨고 있는 아기부터 걸어 다닐 만큼 큰 아기까지 요리할 때, 물을 길어 나를 때, 오토바이 택시 뒤에 타고 은행에 볼일을 보러 갈 때도 엄마 등에 꼭 붙어 있답니다. 엄마가 쉬고 있을 때나 일할 때는 아기를 업어 줄 누나 또는 사촌이 언제나 함께 있어요.

★ 기니비사우의 해안을 따라가면 맹그로브 숲이 있어요. 이곳은 바다가 소금기 있는 강으로 바뀌는 열대 지역이에요. 소금기가 가득한 맹그로브 숲의 나무들은 진흙이 질척거리는 강둑에서 자랄 수 있는 유일한 나무들이랍니다.

✱ 해안에서 좀 더 나가면 '비자고스 제도'라고 불리는 88개의 아름다운 섬들이 있어요. 섬 하나하나가 낙원처럼 아름답지요. 이곳에는 작고 귀여운 피그미하마도 산답니다.

★ 기니비사우는 나라에서 필요한 모든 식량을 농사짓는 세계에서 몇 안 되는 나라예요. 커다란 배들이 기니비사우에서 캐슈너트와 땅콩을 실어 다른 나라에 팔아요.

라이베리아

라이베리아는 아프리카에서 가장 오래된 독립 국가예요. 단 한 번도 유럽이 다스린 적이 없는 나라이지요. 약 200년 전, 아메리카의 흑인들이 이곳에 자리 잡았어요. 수백 년 동안 유럽에 끌려간 아프리카인들은 미국과 유럽, 카리브해 지역에서 노예가 되어 힘든 노동에 시달렸어요. 세월이 흐르고 흑인 한 무리가 아프리카로 돌아와 자신들만의 나라를 세웠어요. 이 나라가 바로 '자유의 땅'이라는 뜻을 지닌 라이베리아였어요.

● 라이베리아에서는 특별한 방법으로 악수해요. 서로 여러 번 손을 스치며 마주 잡은 뒤 마지막에 손가락을 튕겨서 인사하지요. 인터넷에서 라이베리아만의 독특한 인사법을 찾아보세요.

✱ 1995년, 라이베리아 출신의 조지 웨아는 전 세계에서 '올해의 축구 선수'로 꼽히며 이름을 날렸답니다. 2018년에 그는 라이베리아의 대통령에 당선되었어요.

말리

사하라 사막의 서쪽에 있는 나라 말리는 지구에서 가장 더운 곳이에요. 사람들은 이글거리는 태양에서 피부를 보호하기 위해 하늘거리는 튜닉을 입고 머리에 터번을 둘러요. 건물은 두꺼운 찰흙으로 지어져서 안이 시원해요. 햇빛이 적게 들어오도록 창문을 작게 만들기도 한답니다. 말리의 건물들은 대부분 찰흙으로 만들어졌어요. 집, 모스크, 상점, 학교까지 모두 찰흙으로 지었지요.

● 먼 옛날, 말리는 아프리카에서 강대한 제국이었어요. 말리 제국의 땅은 대서양 해안에서 오늘날의 니제르, 세네갈, 모리타니, 부르키나파소 일부까지 뻗어 있었답니다. 소금과 금 같은 자원이 풍부했고 예술과 건축, 교육에 신경 썼던 전 세계에서 손꼽는 제국 가운데 하나였어요.

★ 말리의 도시 팀북투는 몇백 년 동안 배움의 중심지였어요. 의학, 과학, 수학, 천문학, 문학, 예술이 눈부시게 발전했지요. 팀북투의 도서관에는 세계에서 오래된 문서들을 보관하고 있답니다.

니제르

니제르에서는 국민 대부분이 농사짓거나 가축을 길러요. 농부들은 남쪽의 습지에 살아요. 비가 많이 오는 이곳은 농작물을 기르기 알맞답니다. 목동들은 바짝 마른 북쪽을 주로 돌아다녀요. 염소와 소, 낙타에게 먹일 풀이 그곳에 많이 자라거든요. 해마다 건기가 찾아와 풀이 말라 죽으면 목동들은 남쪽으로 이동해요. 가축들은 농부가 곡식 거두기를 끝내고 땅에 남겨 둔 쭉정이를 뜯어 먹어요. 가축들의 똥으로 땅은 다시 기름져진답니다. 이는 농부와 목동 둘 다 행복해지는 결과가 되어요.

✤ 니제르 북부에 있는 암각화에 사하라 사막이 초원이었을 때 살던 동물들이 그려져 있어요. 악어와 하마, 실제 크기로 조각한 기린 등이 있답니다. 지금은 이곳에서 동물들이 살지 못해요. 비가 땅에 닿기도 전에 말라 버릴 만큼 너무 덥기 때문이에요.

✱ 승마, 낙타 경주, 전통 레슬링, 권투는 니제르에서 가장 인기가 많은 스포츠예요.

나이지리아

나이지리아의 라고스는 아프리카에서 가장 크면서도 복작복작한 도시예요. 차가 너무 많아서 몇 시간이고 길이 꽉 막혀 있을 때가 많아요. 도시를 가장 빠르게 지나가려면 오토바이 택시를 타야 해요. 오토바이 택시는 길이 막혔을 때나 속도를 내야 할 때 자동차 사이를 요리조리 빠져나가요. 그런데 어떤 길은 너무 위험해서 오토바이 택시를 탈 수 없기도 해요.

● 나이지리아는 아프리카에서 인구가 제일 많고 경제 규모도 가장 큽니다. 아프리카 인구에서 약 4분의 1이 나이지리아인이에요.

✱ 나이지리아의 북부에 있는 카노와 카치나는 하우사족의 도시로 불려요. 도시의 역사는 약 1000년 정도 되었답니다.

★ 나이지리아의 영화 산업은 미국의 할리우드와 인도의 발리우드에 이어 세 번째로 큽니다. 이를 가리켜 '놀리우드'라고 부르지요.

세네갈

세네갈은 아프리카의 다른 나라와 달리 쌀농사를 지으며 쌀을 즐겨 먹는 나라예요. 한국과 손잡고 통일벼를 잘 바꾸어 '이스리'라는 쌀을 키우는 데 성공했어요. 세네갈에서는 어디에서나 음악이 흘러나와요. 도시의 열린 창문에서 노랫소리가 흐르고, 마을 한구석에서는 드럼 소리가 울려 퍼져요. 학교마다 손뼉을 치며 노래하거나 연주하는 소리가 들려요. 세네갈의 음악을 들어 본 적이 있나요? 귀에 착 감겨서 전 세계 어디에서나 큰 인기를 얻고 있답니다. 랩과 힙합을 만든 미국의 음악가들, 재즈와 블루스, 로큰롤은 세네갈에게 많은 영향을 받았어요.

✱ 미국에서 쓰는 단어 가이(guy)와 바나나(banana)는 세네갈어에서 왔다고 알려져 있어요. '오케이(okay)'라는 말도 세네갈어의 하나인 월로프어에서 왔다고 해요.

● 세리니 막타 바는 세네갈의 발명가예요. 그가 만든 가장 유명한 발명품에는 무기로 쓰이는 로켓이 있어요.

시에라리온

시에라리온에는 벽이 유리로 뒤덮인 높은 빌딩과 대리석으로 만든 고급 주택, 콘크리트 아파트가 있어요. 이와 달리 마분지 상자와 철판으로 만든 집도 있어요. 값비싼 차를 가진 사람들이 있는가 하면 신발 한 켤레조차 없는 사람들도 있어요. 비행기를 타고 해외로 휴가를 떠나는 가족들도 있고, 하루도 빠짐없이 일하러 가야 하는 가족도 있어요. 시에라리온은 어린이들까지 거리에 버려진 쓰레기를 주워 재활용하는 일을 하거나 농장이나 공장에서 일하고 있어요.

★ 시에라리온은 세계에서 다이아몬드를 많이 생산하는 나라 가운데 하나예요. 이 나라에서 다이아몬드를 사는 일은 어쩐지 달갑지 않아요. 어린이들이 군인들에게 위협을 받으며 강제로 다이아몬드를 캐거든요. 안타깝게도 시에라리온에서는 다이아몬드를 차지하려는 전쟁이 일어나고 있어요. 전쟁이 끊이지 않는 곳에서 다이아몬드를 캐는 일은 정말이지 끔찍해요.

토고

토고의 거리 곳곳에서는 음식을 팔아요. 작은 화로 위에서 옥수수를 굽고 양념에 버무린 닭고기 꼬치를 팔기도 해요. 사람들은 길거리에서 파는 땅콩 스튜와 뿌리 채소 얌 튀김, 새우를 허름한 플라스틱 탁자에 놓고 먹어요. 노인들은 나무 아래에 앉아 콜라나무 열매를 사 마시지요. 소녀들은 콜라나무 열매를 담은 바구니를 머리에 이고 다니며 팔아요. 콜라나무 열매는 언제나 불티나게 팔린답니다.

● 아프리카의 음식은 전 세계에서 널리 사랑받아요. 아프리카인들은 오크라와 검은 눈 완두콩(동부콩)을 미국으로 가지고 갔어요. 또 유럽 정착민들에게 쌀을 농사짓는 법을 가르쳐 주기도 했어요.

❋ 서아프리카에 사는 사람이라면 누구나 콜라나무 열매를 즐겨 먹어요. 열매에는 커피콩보다 카페인이 더 많답니다. 콜라나무 열매에서 얻은 액체로 코카콜라를 만들지요.

중앙아프리카

부룬디·카메룬·중앙아프리카 공화국·차드
콩고 민주 공화국·적도 기니·가봉·콩고·상투메 프린시페

중앙아프리카에는 세계에서 두 번째로 큰 열대 우림이 있어요. 이곳에는 원숭이와 앵무새가 시끄럽게 울고 수많은 곤충이 날갯짓해요. 코끼리와 하마는 이곳을 보금자리로 삼기 위해 몸집이 작게 진화했어요. 인간도 마찬가지였지요. 열대 우림의 원주민들은 중앙아프리카에 살기 시작한 최초의 인간이었어요. 그들은 창과 방패로 사냥하며 숲에서 살았어요. 시간이 더 흐른 뒤 이곳에 온 사람들이 열대 우림을 망가트리고 있어요. 서아프리카에서 온 사람들은 농장을 만들기 위해 숲을 없애 버렸어요. 동아프리카에서 온 유목민들은 자신들이 기르는 소와 염소에게 어린 풀을 닥치는 대로 먹였어요. 유럽인들은 석유를 마구 쓰고 나무를 벴으며 광물을 캐고 농장을 운영했어요. 어떤 중앙아프리카인들은 전통적인 생활을 고집하지만 다른 어떤 이들은 현대적인 생활을 택했어요. 부유하든, 가난하든, 은행원이든 농부든, 석유를 캐든, 사냥하든 그들 모두에게는 중앙아프리카가 고향이랍니다.

중앙아프리카에 오신 걸 환영합니다!

발라오!(상고어)
응보테!(은갈라어)
뱅 빈도스!(포르투갈어)
보예이 볼라뮤!(링갈라어)
응보테!(콩고어)

아프리카의 머리 모양

아프리카 사람들은 대부분 머리카락이 아주 굵고 곱슬곱슬해요. 정말 한없이 엉켜 버릴 수 있을 만큼요. 그래서 머리카락을 재미있는 모양으로 땋는 사람들이 많아요.

특별한 날 또는 머리 모양이 엉망인 날에는 많은 아프리카 여성이 눈에 잘 띄는 스카프를 머리에 정성 들여 두른답니다.

아프리카에서는 히잡을 쓰는 여성이 많아요. 히잡은 아랍권 문화에서 여성들이 머리에 쓰는 천이에요. 어떤 나라에서는 남성들이 머리에 두건을 써요. 두건으로 얼굴을 가리기도 한답니다.

부룬디

부룬디의 남자아이들은 아버지에게 커다란 북을 다루는 법을 배워요. 그리고 북 연주자가 되기 위해 오랜 시간 동안 연습하고 또 연습한답니다. 춤도 잘 추어야 하고 곡예도 할 줄 알아야 해요. 머리에 커다란 북을 이고 균형을 잘 맞추거나 머리에 얹은 채 신나게 두드리는 건 기본이에요. 부룬디의 북에서 나오는 리듬은 세상을 덩실덩실 춤추게 할 만큼 아주 흥겹답니다.

● 부룬디의 북은 오직 부룬디에서만 자라는 나무로 만들어요. '우무부간고마'라는 큰 통나무로 말이지요.

✤ 부룬디의 로열 드러머스 연주단은 귀를 사로잡는 강하고 멋진 연주를 해요. 인터넷에서 한번 들어 보세요.

카메룬

세계의 여느 나라들처럼 카메룬의 어린이들은 부모님의 차를 타고 학교에 가거나 집에서 컴퓨터로 게임하고 놀아요. 어떤 아이들은 거리가 멀어도 걸어서 학교에 가기도 해요. 새벽 네 시에 일어나 야생 동물 옆을 살금살금 지나가며 학교까지 머나먼 길을 떠나는 어린이도 있어요. 학교 수업이 끝나면 밭에서 일하거나 숙제를 해요. 가지고 놀 게임기나 컴퓨터가 있는 어린이들은 많지 않아요. 카메룬의 어린이들은 공부가 힘들어도 학교에 가기를 즐거워한답니다. 모두 훌륭한 기술자, 의사, 변호사, 선생님, 과학자가 되고 싶어 하거든요.

＊어린이라면 대부분 좋아하는 음식들이 카메룬에서 많이 만들어지고 있어요. 초콜릿의 원료인 카카오, 바나나, 땅콩이 그 주인공이에요. 하지만 카카오 농장에서 일하는 이들은 열심히 일하고도 넉넉한 돈을 받지 못해서 가난해요. 자신들이 기르는 농작물을 살 돈조차 없을 정도랍니다. 이런 일이 공평하지 않다고 생각하나요? 그렇다면 앞으로 물건을 살 때 공정 무역 상표가 붙어 있는지 살펴보세요. 이 상표는 농부들이 열심히 일한 대가를 정당하게 받고 있다는 뜻을 담고 있답니다.

중앙아프리카 공화국

바다에서 수천 킬로미터 떨어진 중앙아프리카 공화국은 풀과 나무가 우거진 숲의 넓은 벌판 위에 자리 잡고 있어요. 숲에는 나비 수백만 마리가 보석이 새겨진 듯 화려한 날개를 뽐내며 날아다녀요. 사바나의 하늘 위에는 다이아몬드처럼 커다란 별들이 밝게 빛난답니다. 중앙아프리카 공화국의 땅 아래에는 금, 우라늄, 석유, 다이아몬드 같은 보물과 자원이 가득 숨겨져 있어요.

● 중앙아프리카 공화국에는 약 600종이 넘는 나비가 살아요.

✱ 나침반의 바늘은 언제, 어디에서나 북쪽을 가리켜요. 하지만 중앙아프리카 공화국에서는 나침반이 있어도 길을 잃을 수 있어요. 땅 밑의 자기장이 다른 곳보다 훨씬 강해서 나침반이 고장 나기 일쑤거든요.

차드

차드인들은 대부분 두 개, 세 개, 다섯 개 언어를 할 줄 알아요. 이 나라에는 모두 합쳐 120개가 넘는 언어가 쓰이고 있기 때문이에요. 물론 모든 언어를 다 알 수는 없겠지만요. 차드 정부는 사람들이 서로의 언어를 더 쉽게 이해할 수 있도록 프랑스어와 아랍어를 공식 언어로 정했어요. 차드인들은 자기만의 말하는 방식이 따로 있어서 다른 나라 사람들과 똑같이 말하지 않아요. 언어는 자연 현상처럼 언제나 진화하기 때문이에요.

● 나라 이름 차드는 이곳에서 가장 큰 차드 호수의 이름을 따 지었어요. 1000년 전, 세계에서 가장 큰 호수였던 차드호는 기후 변화 때문에 이전보다 크기가 훨씬 작아졌어요. 말라 버린 호수에서 날리는 흙먼지는 지금도 대서양을 건너 남아메리카까지 간답니다.

차드의 다양한 인사

콩고 민주 공화국

콩고 민주 공화국에는 강이 어마어마하게 많아요. 그래서 걸어가는 것보다 배를 타고 이동하는 편이 더 쉽고 빨라요. 어린이들은 카누를 타고 노를 저어서 학교에 가요. 어른들은 속도가 빠른 배를 타고 일터에 가고요. 가족과 친구를 만나러 가는 콩고인들이라면 누구든지 콩고강을 오가는 증기 여객선을 이용한답니다. 사람들은 배에서 자고 요리하며 쇼핑도 해요. 다만 악어만 조심하면 돼요.

♣ 콩고 민주 공화국에는 주석과 콜탄이 어마어마하게 묻힌 광산이 있어요. 사람들이 쓰는 휴대 전화나 휴대용 전자 기기는 주석과 콜탄이 없으면 만들 수 없답니다.

★ 콩고 민주 공화국에는 신기한 동물이 있어요. 반은 기린이고 반은 말처럼 생긴 '오카피'라는 동물이에요. 이 동물은 혀 길이가 약 45~60센티미터라고 해요.

적도 기니

적도 기니에는 비가 몇 달이고 쉬지 않고 내려요. 또 비가 몇 달씩 오지 않는 건기가 찾아오기도 해요. 햇빛이 점점 강해지고 강이 메마르면 땅에는 먼지만 흩날려요. 비가 내릴 때 어린이들은 마음껏 비를 맞으며 춤을 춰요. 왜 이렇게 기뻐하냐고요? 초원과 밭이 다시 초록으로 물들리라는 기대감에 젖어 있기 때문이랍니다. 진흙탕에 바퀴가 빠져 버려 곤란해진 사람들만 빼고 말이지요.

✱ 적도 기니는 본토와 섬으로 이루어져 있어요. 육지에 우기가 찾아오면 섬은 대개 건기로 접어들어요. 그리고 섬에 우기가 시작되면 육지는 건기가 되지요.

● 적도 기니는 석유로 돈을 벌어요. 전 세계에 수출된 석유는 휘발유와 플라스틱의 원료로 쓰인답니다.

가봉

가봉에서는 열대 식물로 빽빽한 우림이 대서양과 바로 이어져요. 이곳에서 열대 우림의 동물과 바다 동물이 더불어 살아요. 바다거북은 나무 그늘에서 한가로이 거닐다가 모래 위에 알을 낳아요. 코끼리는 얕은 물가에서 새끼들과 함께 코로 물을 뿌려 대곤 해요. 커다란 하마들은 파도를 타고 놀기도 해요.

★ 가봉 정부는 동물들을 보호하기 위해 노력하고 있어요. 바다도 국립 공원으로 정해 보호한답니다. 밀렵꾼들은 비싼 값에 팔 욕심으로 동물들을 함부로 죽여요. 사람들이 동물들에게서 얻은 것으로 만든 물건들을 사지 않는다면 밀렵꾼들도 동물들을 죽이지 않을 거예요.

콩고

콩고의 텔레 호수에는 괴물 모켈레 음벰베가 살아요. 모켈레 음벰베의 이야기를 들어 본 적이 없다고요? 이 괴물은 공룡만큼 크고 무시무시한 녀석이에요. 악어처럼 텔레호에 숨어 지낸답니다. 믿을 수 없는 이야기라고요? 모두 모켈레 음벰베가 정말 있는지 믿을 수는 없을 거예요. 놀랍게도 영국의 네스호에도 모켈레 음벰베와 비슷한 괴물이 살고 있대요. 물론 네스호의 괴물 이야기도 믿을지 모르겠지만요.

● 아프리카에는 60000년도 더 전부터 수많은 이야기가 전해져 내려왔어요. 기록으로 남기지 않았는데도 사람들 사이에서 잊히지 않은 이야기라니 정말 신기하지 않아요? 이런 사실만으로도 얼마나 훌륭하고 뛰어난 이야기인지 알 수 있어요.

✱ 콩고의 수도 브라자빌에서 강 하나만 건너면 콩고 민주 공화국의 수도인 킨샤사가 나와요. 두 도시는 전래 동화에 나오는 성격 다른 두 자매 같아요. 한쪽은 친절한데, 다른 한쪽은 무섭고 사나운 자매처럼 말이에요. 어떤 도시가 그런지는 여러분이 직접 판단해 보세요.

상투메 프린시페

대서양의 섬나라인 상투메 프린시페는 '상투메'와 '프린시페'라는 섬으로 이루어져 있어요. 이곳은 원래 무인도였지만 포르투갈인들이 발견하면서 사람이 들어와 살았어요. 산을 뒤덮은 우림 덕분에 섬은 에메랄드빛으로 보여요. 어부들은 맑고 푸른 바다에 그물을 던져 물고기를 잡아요. 관광객들은 하얀 모래사장 위에 드러누워 바다를 즐겨요. 농부들은 이곳에서 코코아를 기른답니다. 코코아는 사람들이 좋아하는 간식거리를 만드는 재료이지요.

★ 상투메 프린시페의 사람들은 코코아를 많이 길러요. 코코아는 초콜릿 외에 화장품 크림을 만들 때도 쓰여요.

북아프리카

알제리·이집트·리비아·모리타니·모로코·튀니지·서사하라

북아프리카의 나라들은 사하라 사막이 있어서 '사막 국가'라고 불려요. 이곳을 가로지르는 것은 지중해를 건너기보다 더 힘들답니다. 북아프리카의 문화와 전통은 중동이나 유럽과 더 비슷해요. 아프리카의 다른 나라보다 중동 및 유럽과 가까웠기 때문이에요. 로마와 그리스, 튀르크 모두 북아프리카를 정복해 다스렸어요. 19세기 무렵까지 아이슬란드처럼 머나먼 북쪽 나라에서 북아프리카에 노예를 데리고 왔어요. 비행기가 나타나기 전까지 사하라 사막을 건너는 북아프리카인들은 많지 않았어요. 북아프리카의 원주민 베르베르족 상인들은 드물게 사막을 건너던 사람들이

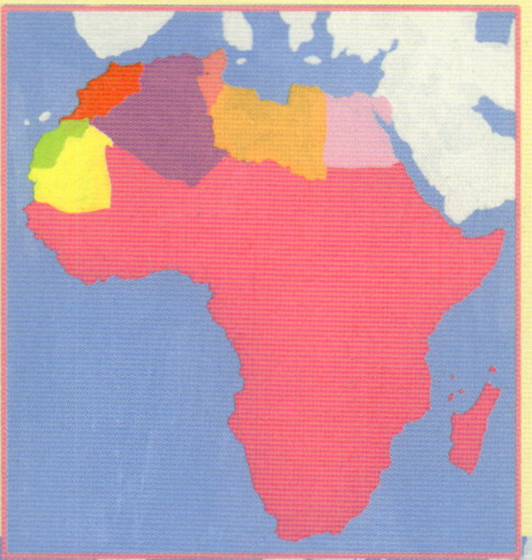

었답니다. 유목민인 그들은 낙타에 소금과 금을 싣고 한 줄로 길게 늘어서서 사막 위를 지나갔지요. 그들이 잠시 머무는 곳마다 사람들이 와서 물건을 사 갔어요. 이렇게 물건이 사고팔리던 곳은 커다란 시장이 되어 오늘날 북아프리카의 대도시로 발전했어요. 컴퓨터 장치부터 자동차만큼 커다란 화석까지 이곳에서 무엇이든 살 수 있어요. 북아프리카에서 살 수 없는 물건이라면 세계 어떤 곳에서도 살 수 없다는 말까지 있을 정도랍니다.

북아프리카에 오신 걸 환영합니다!

아흘란 와 사흘란! (아랍어)

앗레흐바 시스웨네! (베르베르어)

비앙브뉴! (프랑스어)

아프리카 사람들은 축구를 좋아해

아프리카 사람들은 축구를 엄청나게 좋아한답니다. 그들은 축구의 국제 경기 규칙이 정해진 1860년보다 훨씬 이전부터 축구를 즐겼어요.

아프리카의 어떤 사람들은 레슬링과 권투를, 어떤 사람들은 카누와 농구를 좋아해요. 크리켓과 럭비 팬도 있어요. 하지만 사람들은 다른 어떤 스포츠보다 축구에 대한 열정이 제일 넘쳐요.

아프리카의 날씨는 1년 내내 밖에서 놀 수 있을 만큼 따뜻해요. 하지만 어린이들이 축구공 외에 바깥에서 갖고 놀 만한 장난감이 없어요. 부유한 집의 어린이들은 축구할 때 유명한 회사의 운동복을 입어요. 가난한 집의 아이들은 낡은 옷을 입지요. 옷이 어떻든 축구할 때만큼은 오직 속도와 기술만이 필요할 뿐 다른 것은 필요치 않아요.

아프리카에서는 홀수 해에 한 번씩 네이션스 컵이 열려요. 이 대회는 아프리카 축구 연맹이 여는 가장 큰 축구 대회예요. 지금까지 이 대회에서 이집트가 가장 많이 우승했어요. 아프리카의 많은 사람이 이 대회에 참가해요. 물론 다른 대회에 참가하기도 하지요. 아프리카에는 뛰어난 축구 선수들이 많아요. 그중 많은 이들이 유럽에서 활약하고 있어 아프리카인들마다 좋아하는 유럽 클럽 팀이 달라요.

알제리

알제리의 여성들은 상점, 학교, 회사, 병원, 법원, 모스크 등 어디에서나 일해요. 대학교에 다니는 학생들도 절반 이상이 여성이에요. 의사, 과학자, 변호사, 판사로 활약하는 여성도 많답니다.

 알제리 하면 남쪽에 있는 사하라 사막을 빼놓을 수 없어요. 사막의 타실리 지역에 그려진 동굴 벽화에는 수천 년 전에 살았던 사람들이 동물 떼를 사냥하는 모습이 담겨 있어요. 당시에 사하라 사막은 수풀이 우거진 지역이었어요. 옛날에는 사하라 사막에도 사람들이 살았던 모양이지만 지금은 대부분 바닷가로 옮겨 와 살고 있어요. 그곳의 날씨는 미국의 캘리포니아처럼 온화해요. 바닷가를 뺀 나머지 지역은 눈이 녹지 않는 산이나 뜨거운 태양이 내리쬐는 사막뿐이랍니다.

● 알제리는 아프리카에서 가장 큰 나라랍니다.
✱ 머지않아 알제리는 세계에서 가장 큰 태양광 발전소를 갖출 거예요.

이집트

이집트는 아프리카에서 가장 잘 알려진 나라예요. 해마다 수많은 관광객이 피라미드를 보러 이집트에 찾아와요. 또 웅장한 나일강으로 보트를 타러 오기도 하지요. 나일강은 아프리카에서 가장 큰 악어가 사는 것으로도 유명하답니다. 이 강은 이집트의 수도인 카이로를 가로질러요. 또 때가 되면 강물이 흘러넘쳐서 영양소가 풍부한 흙을 이집트에 옮겨 준답니다. 덕분에 농사짓기 좋은 환경이 만들어져요. 카이로는 아프리카에서 손꼽히는 명문 대학교와 가장 뛰어난 군대가 있는 커다란 도시예요.

★ 이집트는 전 세계에서 가장 큰 아랍 국가예요. 아프리카와 아시아 두 대륙에 걸쳐 있어요.

● 이집트의 땅은 대부분이 사막이에요. 이집트인의 99퍼센트는 나라 땅의 3퍼센트에 지나지 않는 나일강 근처에 살아요. 땅을 기름지게 해 주는 이 강이 없었다면 이집트는 위대한 나라가 될 수 없었을지도 몰라요.

리비아

사하라 사막에 있는 리비아 사막은 세계에서 뜨겁고 메마른 지역 가운데 하나예요. 10년, 20년, 심지어 30년 동안 비가 내리지 않을 때도 있어요. 리비아의 민족 베르베르인이나 사막을 사랑하는 유목민 베두인족조차 리비아 사막에는 가지 않으려 할 거예요. 그들은 물이 넉넉한 오아시스 근처에 있는 도시를 더 좋아하지요. 베르베르인들이 자랑하는 가장 아름다운 도시는 '사막의 진주'라고 불리는 가다메스예요. 한때는 남자들만이 도시의 구불구불한 길을 다닐 수 있었어요. 여자들은 집끼리 붙어 있는 지붕 위에서야 서로 만날 수 있었대요. 지금은 남자들과 여자들이 거리에서 함께 걸어 다녀요. 또 카페에서 함께 앉아 커피를 마시거나 아이들과 즐겁게 지낸답니다.

✱ 리비아의 키레네 항구 근처에는 제우스를 모시는 신전이 남아 있어요. 전성기 로마의 도시인 '렙티스 마그나' 유적도 리비아에서 유명해요. 당시 이곳은 로마만큼이나 중요한 도시였어요. 로마의 황제였던 셉티미우스 세베루스의 고향이었기 때문이에요.

✱ 세계에서 가장 오래된 유대인 공동체도 리비아에 있었어요. 이 공동체는 고대 그리스가 다스리던 기원전 300년 전까지 거슬러 올라가지요.

모리타니

모리타니의 국경선은 사하라 사막의 깊숙한 곳까지 뻗어 있고 사헬 지역까지 내려가요. 사헬 지역은 아프리카 대륙을 북부와 중부로 나누는 사하라 사막의 남쪽 경계를 이루는 곳이지요. 사헬은 아랍어로 '경계선'이라는 뜻이에요. 모리타니는 뾰족한 나뭇잎이 달린 나무와 가시로 뒤덮인 나무가 자라고 삐죽삐죽한 풀이 나며 땅이 메말라 흙먼지가 날려요. 다행히 모리타니에는 오아시스도 많답니다. 메마른 땅 위로 깨끗한 물이 방울방울 솟아나요. 이곳에서 나무가 자라나고 사람들이 모여든답니다.

★ 안타깝게도 모리타니의 몇몇 마을은 모래 언덕에 묻히고 있어요. 사막이 점점 커지고 있거든요. 사람들은 바닷가 근처에 있는 도시로 피하고 있어요. 도시는 언제나 사람들로 넘쳐납니다.

✳ 모리타니에는 아직도 노예 제도가 있어요. 나라에서는 이 제도를 없앴지만 사람들은 여전히 동물처럼 사거나 팔리고 있지요. 이들은 어디에서 누구와 살지, 살면서 무엇을 할지 고를 자유가 없어요.

모로코

모든 북아프리카 도시의 중심에는 '메디나'가 있어요. 메디나는 도시에서 가장 오래된 지역을 뜻해요. 모로코에서는 도시의 중심을 '메디나'라고 부르지요. 메디나에는 전통 시장이 있어요. 과거에는 상인들이 낙타를 타고 사하라 사막을 건너와 이곳에서 자신들이 가져온 물건을 팔았어요. 모로코의 도시 마라케시에 있는 전통 시장은 길이만 19킬로미터에 달할 정도로 어마어마한 곳이에요. 이곳에는 1000년 전과 똑같이 향신료, 카펫, 가죽, 금, 올리브를 비롯한 수백 가지 물건을 판답니다. 지금은 시계와 휴대 전화, 카메라도 팔아요.

● 메디나에 있는 길들은 미로같이 좁고 구불구불해요. 이는 사막의 뜨거운 태양을 피하고, 모래에 뒤덮이지 않도록 설계한 독특한 구조랍니다. 길이 미로 같은 까닭은 쳐들어온 적들을 혼란스럽게 하기 위해서예요.

✹ 자동차 브랜드 르노와 푸조 시트로엥의 공장이 모로코에 있어요.

튀니지

튀니지에는 둥그런 금빛 지붕으로 아름다움을 뽐내는 모스크와 뾰족한 탑이 있는 성당, 멋진 타일로 꾸민 유대교 회당이 복작복작 어우러져 있어요. 무슬림, 기독교인, 유대인이 함께 이곳으로 기도하러 간답니다. 튀니지인의 가족들은 그늘진 거리의 식당과 카페에서 식사를 즐겨요. 어떤 이들은 패스트푸드를, 어떤 이들은 쿠스쿠스와 납작한 빵을 곁들인 전통 스튜를 우적우적 먹어요. 좋아하는 음식은 저마다 다르지만, 달콤한 박하 차는 모두가 똑같이 반기는 음료랍니다. 대부분의 튀니지 사람들은 이 차를 엄청나게 마셔요.

● 북아프리카에서는 고깔 모양의 뚜껑이 달린 두꺼운 도자기 그릇에 스튜를 요리해요. 그릇 바닥에 고기나 병아리 콩을 넣고 그 위에 향료 타진을 뿌려요. 맨 위에 피라미드 모양으로 채소를 층층이 쌓은 뒤 뚜껑을 덮고 달군 불 속에 넣어 익혀요.

★ 튀니지는 세계적인 올리브 생산국이에요. 많은 사람이 나무를 정성스럽게 돌보고 올리브를 거두어요. 물론 올리브 농장이 아니라 옷과 신발, 자동차 부품, 전자 기계를 만드는 공장에서 일하는 사람들도 있답니다.

★ 튀니지의 북쪽에는 산지와 평원이, 동쪽에는 평원이 펼쳐져 있고, 내륙으로 들어가면 비탈진 지형이 대부분이라서 기후가 지역마다 다양해요.

서사하라

서사하라에는 '사흐라위'라고 하는 원주민들이 살아요. 그들은 자신의 나라를 '사흐라위 아랍 민주 공화국'이라 부르지요. 모로코 정부는 1975년에 모로코의 일부라며 서사하라의 땅을 차지했어요. 사흐라위인들은 독립을 외치며 모로코 정부에 맞서 싸우고 있어요.

한때 사흐라위 남자들은 가축 떼를 몰면서 풀을 찾아다녔어요. 여자들은 집에서 가족을 돌보고 집안 살림을 책임졌어요. 지금 사흐라위인들은 대부분 전쟁이 끝나기를 기다리며 난민촌에 살고 있답니다.

★ 사흐라위인은 녹차를 무척 좋아해요. 녹차를 마시는 첫 번째 컵은 인생처럼 쓰다고 말해요. 두 번째 컵은 죽음처럼 부드럽대요. 세 번째 컵은 사랑처럼 달콤하다고 해요.

★ 사하라 국제 영화제가 해마다 서사하라에서 열려요. 세계에서 유일하게 난민촌에서 열리는 영화제인 셈이지요.

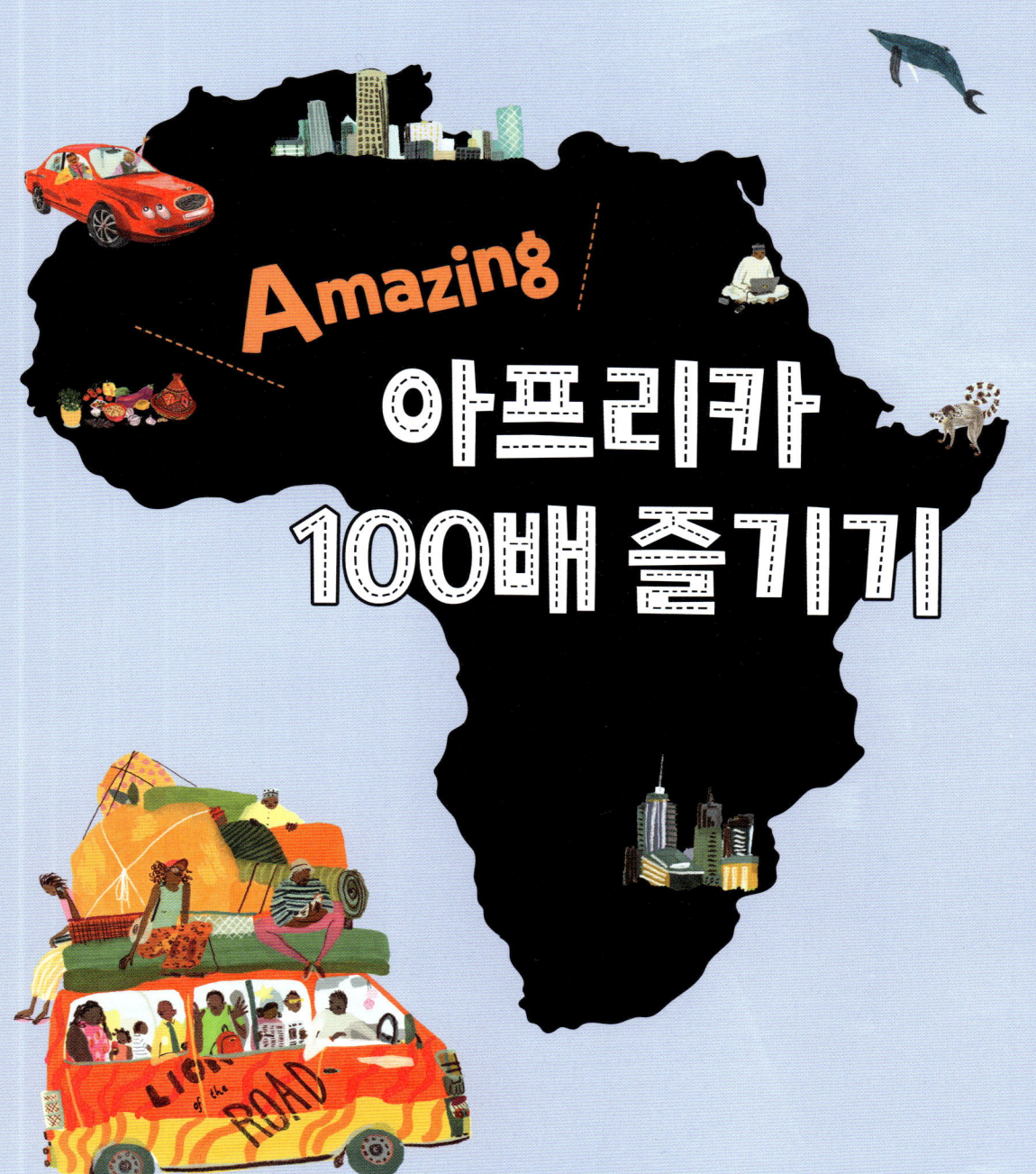

- 아프리카 국기 모아 보기

- 도전! 아프리카 나라 이름 맞히기

- 아프리카의 주요 나라 영어 이름 따라 쓰기

* 〈Amazing 아프리카 100배 즐기기〉의 내용은 윌북주니어에서 자체 제작하였습니다.

아프리카 국기 모아 보기

동아프리카

동아프리카에는 높은 지대가 많기 때문에 이웃한 서아프리카보다 기온이 낮아요. 또 기후가 습하다는 특징이 있어요. 덕분에 넓게 자리 잡은 초원에서 다양한 야생 동물이 살고 있답니다. 이곳에는 영국의 식민 지배를 받았던 나라들이 많아요.

남수단   르완다

마다가스카르   모리셔스

세이셸   소말리아

수단

에리트레아

에티오피아

우간다

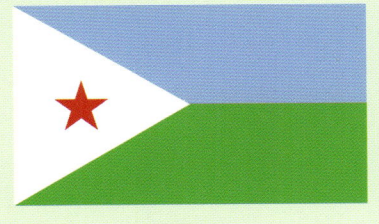
지부티

케냐

코모로

탄자니아

서아프리카

서아프리카에는 가나 제국, 말리 제국, 송가이 제국처럼 강한 제국들이 있었어요. 또 아프리카 대륙에서 영화 산업이 크게 발달하고 있는 지역이기도 해요. 이곳에는 프랑스의 식민 지배를 받았던 나라들이 많아요.

가나

감비아

기니

기니비사우

나이지리아

니제르

라이베리아	말리
베냉	부르키나파소
세네갈	시에라리온
카보베르데	코트디부아르
토고	

남아프리카

남아프리카는 대항해 시대에 포르투갈인 바스쿠 다가마가 인도로 가는 새로운 항로를 개척하며 지나온 대륙이에요. 이곳에서 나는 금과 백금, 다이아몬드는 세계로 수출되고 있어요. 남아프리카에 있는 나라들은 아프리카의 다른 나라보다 경제, 정치, 사회가 안정적이라고 해요.

나미비아

남아프리카 공화국

레소토

말라위

모잠비크

보츠와나

앙골라

에스와티니

잠비아

짐바브웨

북아프리카

서쪽으로는 대서양, 북쪽과 동쪽으로는 지중해와 홍해 등을 마주하고 있어 유럽의 여러 나라와 종교·문화 교류가 많았던 곳이에요. 사막과 바다를 모두 끼고 있어 먼지가 심하고 메마른 기후, 온화한 기후가 함께 있는 곳이랍니다. 아프리카 남쪽으로 통하는 길은 사하라 사막으로 막혀 있어 유럽이나 중동의 문화에 영향을 많이 받았어요. 북아프리카의 나라 중에 서사하라는 독립 국가로 인정받지 못했어요. 다만 아프리카 통일 기구(OAU)에서만큼은 정식 독립 국가로 인정받고 있답니다.

중앙아프리카

중앙아프리카의 주요 산업은 농업, 목축, 어업이에요. 하지만 중앙아프리카는 세계에서 가장 가난한 곳으로 알려져 있어요.

가봉

부룬디

상투메 프린시페

적도 기니

중앙아프리카 공화국

차드

카메룬

콩고 민주 공화국

콩고

도전! 아프리카 나라 이름 맞히기

여러분이 앞에서 읽은 아프리카 이야기를 떠올려 보세요.
주어진 단서와 초성 글자를 보면서 나라 이름을 맞혀 봐요.

동아프리카

아프리카에서 유일하게 힌두교를 믿는 나라야.

| ㅁ | ㄹ | ㅅ | ㅅ |

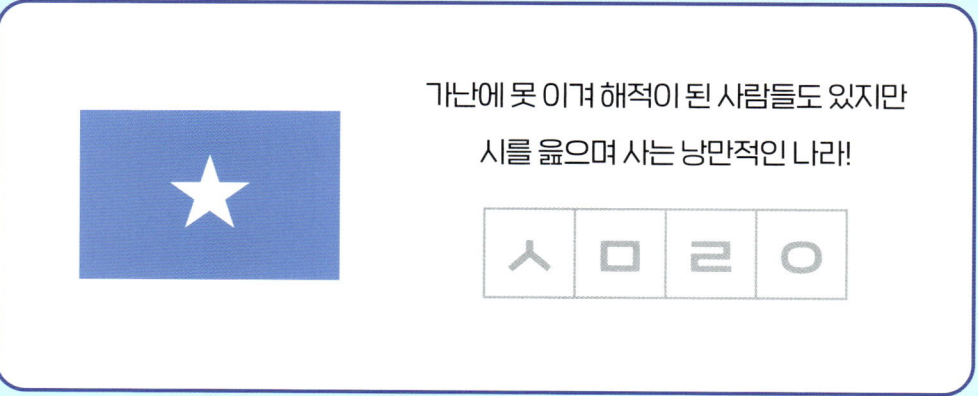

가난에 못 이겨 해적이 된 사람들도 있지만 시를 읊으며 사는 낭만적인 나라!

| ㅅ | ㅁ | ㄹ | ㅇ |

이 나라에는 약 20만 종의 동물이 살고 있어.
그중 약 80퍼센트의 동물은
이 나라에서만 볼 수 있대.

| ㅁ | ㄷ | ㄱ | ㅅ | ㅋ | ㄹ |

나라 이름에 '수천 개의 언덕이 있는 땅'
이라는 뜻이 있어. 산을 계단식으로 깎아
농사짓는대.

| ㄹ | ㅇ | ㄷ |

세계에서 가장 먼저 기독교를 나라의 종교로
받아들인 나라야.

| ㅇ | ㅌ | ㅇ | ㅍ | ㅇ |

서아프리카

이 나라에서는 전통 민간 신앙인 부두교와 관련된 행사와 축제가 많이 열려. 제법 많은 국민이 부두교를 믿고 있지.

| ㅂ | ㄴ |

세계에서 다이아몬드를 많이 채굴하는 나라 가운데 하나야.

| ㅅ | ㅇ | ㄹ | ㄹ | ㅇ |

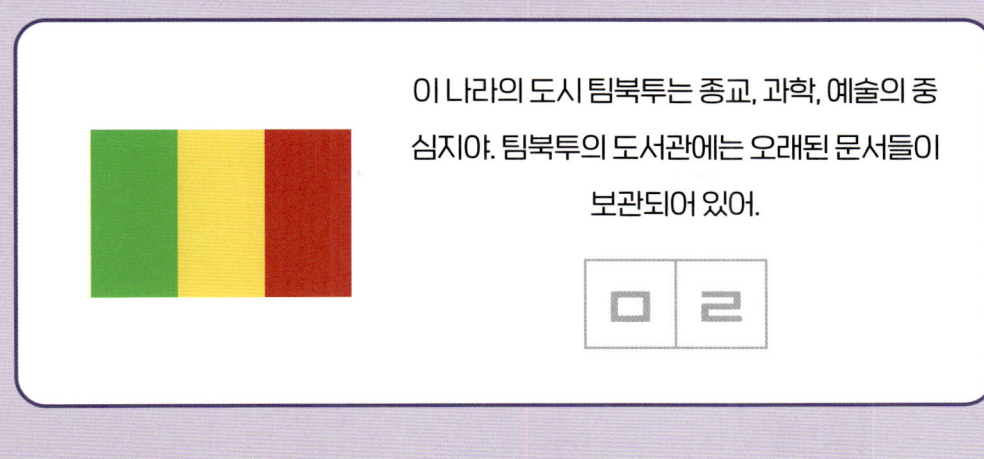

이 나라의 도시 팀북투는 종교, 과학, 예술의 중심지야. 팀북투의 도서관에는 오래된 문서들이 보관되어 있어.

| ㅁ | ㄹ |

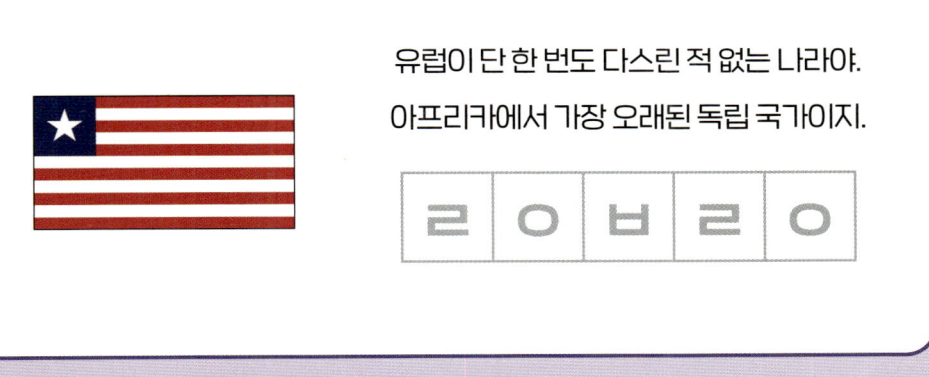

유럽이 단 한 번도 다스린 적 없는 나라야. 아프리카에서 가장 오래된 독립 국가이지.

| ㄹ | ㅇ | ㅂ | ㄹ | ㅇ |

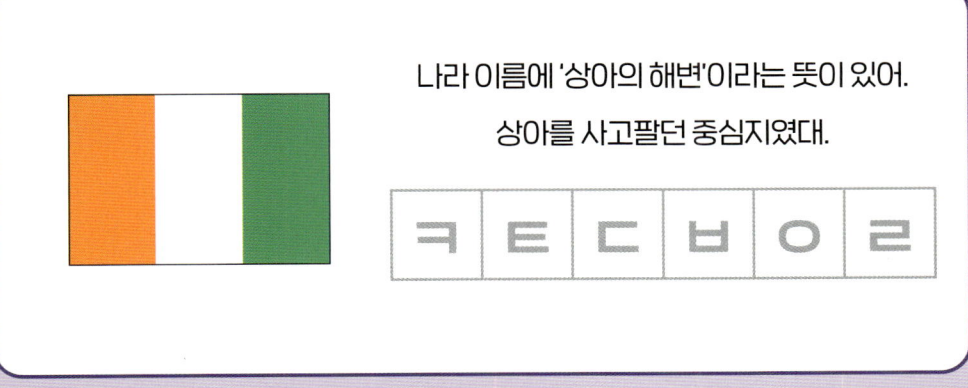

나라 이름에 '상아의 해변'이라는 뜻이 있어. 상아를 사고팔던 중심지였대.

| ㅋ | ㅌ | ㄷ | ㅂ | ㅇ | ㄹ |

남아프리카

이 나라의 해안에는 사막 모래의 뜨거운 공기와 대서양의 찬 공기가 만나 안개가 자욱해. 이 탓에 수많은 배가 부서져서 '해골 해안'이라고 불린대.

흔들바위가 유명한 나라야.
고대 유적 도시 그레이트 짐바브웨 또한 유명하지.

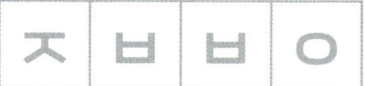

넬슨 만델라가 대통령을 한 곳이야.

여러 인종이 살고 있어서 '무지개 나라'라고도 해.

한때 '스와질란드'라고 불렸어.

오늘날 아프리카에서 왕이 다스리는

몇 안 되는 나라 중 하나야.

사탕수수, 옥수수에서 얻은 에탄올 덕분에

이 나라 사람들은 자동차를 값싸게

운전할 수 있게 되었어.

북아프리카

금빛 지붕이 아름다운 모스크와 성당, 유대교 회당이 있어 기도하러 가는 무슬림, 기독교인, 유대인을 볼 수 있는 나라야.

사하라 국제 영화제가 열리는 나라야. 녹차를 좋아하는 이 나라 사람들은 독립을 위해 애쓰고 있어.

사막이 점점 커져서 모래에 묻히는 마을이 있대.
사람들은 오아시스가 있는 곳에 모여 살아.

아프리카에서 가장 잘 알려진 나라야.
피라미드와 나일강 하면 딱 떠오르는 나라이지.

아프리카 대륙에서 가장 큰 나라야.
사하라 사막이 한때 초원이었다는 사실을
확인할 수 있는 그림이 남아 있어.

중앙아프리카

상투메와 프린시페 두 섬으로 이루어진 나라야.
이 나라에서는 코코아를 많이 기르고 있어.

| ㅅ | ㅌ | ㅁ | | ㅍ | ㄹ | ㅅ | ㅍ |

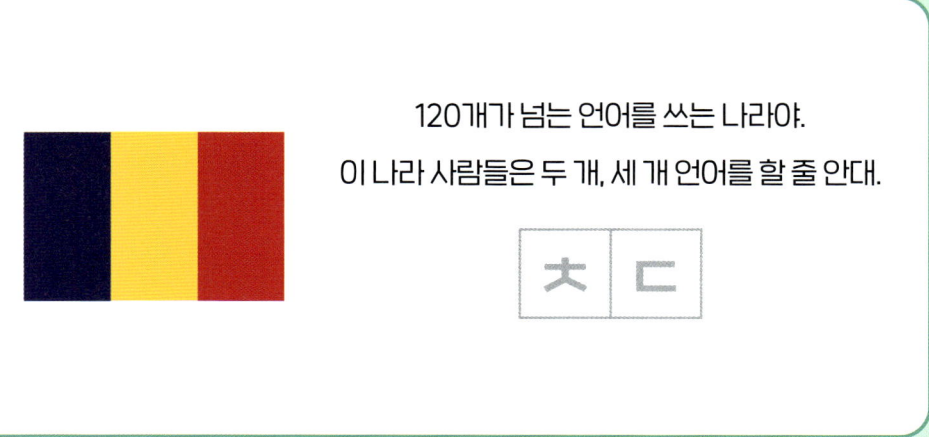

120개가 넘는 언어를 쓰는 나라야.
이 나라 사람들은 두 개, 세 개 언어를 할 줄 안대.

| ㅊ | ㄷ |

이 나라의 남자아이들은 북을 다루는 법을 배워.
북은 우무부간고마 나무로 만든대.

스코틀랜드의 네스호에는 괴물이 산다는 전설이 있어.
이와 비슷하게 이 나라의 텔레 호수에도
괴물 모켈레 음벰베가 살고 있다는 이야기가 있어.

아프리카 주요 나라 영어 이름 따라 쓰기

책에서 소개한 아프리카 주요 나라의 영어 이름을 따라 써 보아요.

ㄱ

가나 Ghana

가봉 Gabon

감비아 Gambia

기니 Guinea

기니비사우 Guinea Bissau

ㄴ

나미비아 Namibia

나이지리아 Nigeria

남수단 South Sudan

남아프리카 공화국 Republic of South Africa

니제르 Niger

ㄹ

라이베리아 Liberia

레소토 Lesotho

르완다 Rwanda

리비아 Libya

ㅁ

마다가스카르 Madagascar

말라위 Malawi

말리 Mali

모로코 Morocco

모리셔스 Mauritius

모리타니 Mauritania

모잠비크 Mozambique

ㅂ

베냉 Benin

보츠와나 Botswana

부룬디 Burundi

부르키나파소 Burkina Faso

 상투메 프린시페 Saint Thomas and Prince

서사하라 Western Sahara

세네갈 Senegal

세이셸 Seychelles

소말리아 Somalia

수단 Sudan

시에라리온 Sierra Leone

ㅇ

알제리 Algeria

앙골라 Angola

에리트레아 Eritrea

에스와티니 Eswatini

에티오피아 Ethiopia

우간다 Uganda

이집트 Egypt

ㅈ

잠비아 Zambia

적도 기니 Equatorial Guinea

중앙아프리카 공화국 Central African Republic

지부티 Djibouti

짐바브웨 Zimbabwe

ㅊ

차드 Chad

ㅋ

카메룬 Cameroon

카보베르데 Cape Verde

케냐 Kenya

코모로 Comoros

코트디부아르 Ivory Coast

콩고 Republic of the Congo

콩고 민주 공화국 Democratic Republic of the Congo

ㅌ **탄자니아** Tanzania

토고 Togo

튀니지 Tunisia

정답

동아프리카
모리셔스 | 소말리아 | 마다가스카르 | 르완다 | 에티오피아

서아프리카
베냉 | 시에라리온 | 말리 | 라이베리아 | 코트디부아르

남아프리카
나미비아 | 짐바브웨 | 남아프리카 공화국 | 에스와티니 | 말라위

북아프리카
튀니지 | 서사하라 | 모리타니 | 이집트 | 알제리

중앙아프리카
상투메 프린시페 | 차드 | 부룬디 | 콩고

찾아보기

ㄱ

가나 44
가다메스 71
가봉 63
감비아 43
검은코뿔소 11
고래 8, 16, 27
고릴라 29
공룡 발자국 화석 13
공정 무역 58
교회 25
국립 공원 19, 26, 34, 39, 63
그레이트 짐바브웨 19
그리스 66, 71
금 20, 36, 48, 59, 67
기니 45
기니비사우 46
기독교 25, 28, 38
기린 8, 20, 26, 49
기후 변화 41
꿀잡이새 43

ㄴ

나미비아 16
나이지리아 50
나일강 70
낙타 33, 36, 49, 67
남수단 32
남아프리카 공화국 17
네스호 64
네이션스 컵 68
넬슨 만델라 17
녹차 75
놀리우드 50
누비아인 33
누어인 32
니안자호 35

니제르 49

ㄷ

다이아몬드 10, 11, 16, 36, 52, 59
다호메이 왕국 39
도도 28
동굴 벽화 69
동물들 6, 8, 20, 26, 27, 29, 32, 34, 49, 63
딩카인 32

ㄹ

라고스 50
라스타파리언 25
라이베리아 47
레소토 13
렙티스 마그나 71
로열 드러머스 57
루안다 10
루웬조리 35
르완다 29
리비아 71

ㅁ

마다가스카르 27
마라벤타 15
마라케시 73
마토보 국립 공원 19
말라위 14
말리 48
맹그로브 36, 46
머리 모양 56
메디나 73
모로코 73
모리셔스 28
모리타니 72
모스크 22, 38, 48, 69

모시 오아 툰야 18
모잠비크 15
모켈레 음벰베 64
모하메드 파라 31
무역 20, 23

ㅂ

바다거북 63
바틱 45
발명가 14, 51
백나일강 33
베냉 39
보츠와나 11
부두교 39
부룬디 57
부르키나파소 40
브라자빌 64
비자고스 제도 46
빅토리아호 18

ㅅ

사모사 23
사바나 8, 20, 32, 36, 59
사자 8, 20, 26, 39
사하라 사막 36, 48~49, 66, 69
사헬 36, 72
사흐라위 75
상투메 프린시페 65
서사하라 75
세네갈 51
세동홍베 39
세리니 막타 바 51
세이셸 30
셉티미우스 세베루스 71
소금 16, 20, 23, 48, 67
소말리아 31
솔로몬 왕 19

수단 33
스와질란드 12
스와힐리어 15, 20
스포츠 15, 49, 68
시바 여왕 19
시어 버터 40
시에라리온 52
시인 31

ㅇ
아미나 구립 28
아샨티 황족 44
악수 47
악어 34, 49, 58, 61, 70
알제리 69
암각화 49
앙골라 10
애벌레 40
얼룩말 8, 26
에리트레아 24
에스와티니 12
에탄올 14
에티오피아 25
열대 우림 10, 36, 42
오아시스 71~72
오카피 61
올리브 73~74
요하네스버그 17
우간다 35
우무부간고마 57
월로프어 36, 51
윌리엄 캄쾀바 14
유목민 11, 23~24, 36, 54
음스와티 3세 12
음악 15, 36, 51
이스리 51
이슬람교 22, 28, 38

이집트 70

ㅈ
잔지바르 34
잠비아 18
적도 기니 62
조지 웨아 47
종교 20, 25, 28, 38
중앙아프리카 공화국 59
지부티 23
지중해 66
짐바브웨 19

ㅊ
차 20, 29
차드 60
청나일강 33
초딜로 언덕 11
축구 15, 17, 19, 47, 68

ㅋ
카메룬 58
카보베르데 41
카이로 70
카포에이라 10
칼라하리 사막 11
커피 25, 29, 71
케냐 26
케이프타운 17
케제티아 시장 44
코끼리 8, 20, 26, 42, 54, 63
코란 22
코모로 22
코뿔소 8, 11, 26
코코아 42, 65
코트디부아르 42
콜라나무 53

콩고 64
콩고강 61
콩고 민주 공화국 61
쿠시 왕국 33
크레올어 30
킨샤사 64
킬리만자로산 34

ㅌ
탄자니아 34
토고 53
토마 상카라 40
튀니지 74
팀북투 48

ㅍ
페리페리 소스 15
폭포 18, 20
피라미드 33, 70

ㅎ
하마 26, 49, 54, 63
하일레 셀라시에 25
해골 해안 16
해적 31
향신료 15, 34, 73
호수 14, 20, 23, 35, 60, 64
화산 41
환상 열석 43
회당 38, 74
흔들바위 19
흰코뿔소 11

더 알아보기

- 아프리카에 관한 더 많은 사실을 알아보려면 : factmonster.com/countries
- 아프리카의 언어를 알고 싶다면 : omniglot.com
- 아프리카의 음악을 알고 싶다면 : www.worldmusic.net/guide
- 아프리카의 지리를 알고 싶다면 : dkfindout.com/uk/earth/continents/Africa and nationalgeographic.org/encyclopedia/africa-physical-geography
- 아프리카의 야생 동물을 알고 싶다면 : gowild.wwf.org.uk/Africa
- 아프리카의 현장을 생생하게 담은 다큐멘터리 : 데이비드 아텐버러의 〈아프리카 (2013)〉
- 아프리카를 그린 애니메이션 : binoandfino.com
- 아프리카를 배경으로 한 이야기 : www.booksfortopics.com/Africa

글 아티누케

나이지리아에서 태어나 『안나 히비스커스(Anna Hibiscus)』와 『넘버원 카 스포터(No. 1 Car Spotter)』 시리즈로 베스트셀러 작가가 되었어요. 아프리카의 구전 동화를 들려주는 일을 해요. 지금은 요루바족 가족들의 도움을 받으며 나이지리아의 현대 생활에 대한 글을 쓰고 있어요.

＊ 작가의 홈페이지 : www.atinuke.co.uk

그림 모우니 페다그

알제리인 아버지와 영국인 어머니 사이에서 태어나 독일의 프랑크푸르트에서 성장기를 보냈고 그래픽 디자인을 공부했어요. 어린이 잡지 《아퀼라(Aquila)》에 삽화를 실었고, 세계적인 기업 '와콤' 광고에 참여했어요. 사람들의 다양한 모습을 그림으로 남기기도 해요. 이 책은 작가님의 첫 어린이책이에요.

＊ 작가의 홈페이지 : www.mounifeddag.com

번역 김미선

중앙대학교 사학과를 졸업하고 미국 마켓 대학교에서 커뮤니케이션으로 석사 학위를 받았어요. 언어의 힘을 내비게이션 삼는 호기심 많은 번역가예요. 세상의 모든 이야기를 나이와 장르 구분 없이 표현하는 지역 독서 모임을 운영하며 사람들과 소통하고 있어요. 현재 어린이·청소년 출판 기획 및 번역을 하고 있어요.

＊ 옮긴 책 : 『딸에게 보내는 인문학 편지』, 『런던의 마지막 서점』, 『어쩌다 고고학자들』 등

"하늘의 절반은 여성이 떠받치고 있다"라는 것을 믿던
아프리카의 혁명가 토마 상카라에게.
그의 친구였던 우리 아버지를 위해.

아티누케

내 삶에서 첫 번째 아프리카인이었던 아버지를 위해.
아버지가 이 책을 보시면 좋겠습니다.

모우니 페다그

AFRICA, AMAZING AFRICA by Atinuke, illustrated by Mouni Feddag
Text © 2020 Atinuke
Illustrations © 2020 Mouni Feddag

All rights reserved. No part of this book may be reproduced, transmitted, broadcast or stored in an information retrieval system in any form or by any means, graphic, electronic or mechanical, including photocopying, taping and recording, without prior written permission from the publisher.
This Korean edition was published by Will Books Publishing Co. in 2025 by arrangement with Walker Books Limited, London SE11 5HJ through KCC(Korea Copyright Center Inc.), Seoul.

• 이 책은 (주)한국저작권센터(KCC)를 통한 저작권자와의 독점 계약으로 (주)윌북에서 출간되었습니다.
• 저작권법에 의해 한국 내에서 보호를 받는 저작물이므로 무단 전재와 복제를 금합니다.

지리마블 아프리카

펴낸날 초판 1쇄 2025년 11월 24일

글쓴이 아티누케
그린이 모우니 페다그
옮긴이 김미선
펴낸이 이주애, 홍영완
편집장 최혜리
윌북주니어 도건홍, 김혜민, 한수정, 이은일
편집 박효주, 홍은비, 강민우, 안형욱, 김혜원, 최서영, 송현근, 이소연
디자인 김주연, 기조숙, 박정원, 윤소정, 박소현
홍보마케팅 박영채, 김태윤, 김준영, 백지혜
콘텐츠 양혜영, 이태은, 조유진
해외기획 정미현, 정수림
경영지원 박소현

펴낸곳 (주)윌북 출판등록 제2006-000017호
주소 서울특별시 마포구 동교로19길 28(서교동 448-9)
전화 02-323-3777 팩스 02-323-3778
홈페이지 willbookspub.com
블로그 blog.naver.com/willbooks
트위터 @onwillbooks
인스타그램 @willbooks_pub | @willbooks_jr
ISBN 979-11-5581-855-8 (74900)
　　　979-11-5581-798-8 (74900) (세트)

· 책값은 뒤표지에 있습니다.
· 잘못 만들어진 책은 구입하신 서점에서 바꿔 드립니다.
· 이 책의 내용은 저작권자의 허가 없이 AI 트레이닝에 사용할 수 없습니다.

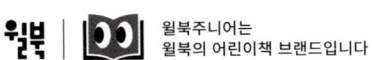